臺大、哈佛畢業生拆解新課綱
打造最適合你的讀書攻略

曾文哲——著

LITERACY

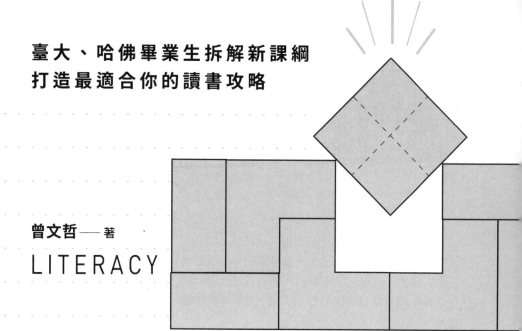

培育
你的素養力

學生、家長、老師，異口同聲推薦！

學生實用！

國二時看了《不是資優生，一樣考取哈佛》。作者真誠地分享筆記法，使我當時最差的數學在會考拿到 A++。升高三的暑假，有幸與文哲醫師會面，他親切地和我談對未來的想法。相信文哲醫師的書，能讓你在迷惘中再次掌舵！

——劉庭妍 高師大教育系大一生

我錄取臺灣科技大學的 EMBA 後，除了原本的工作，晚上假日還要上課，在時間有限的情況下，運用了曾文哲醫師第一本書的「超級筆記術」，謝謝他不藏私的分享，讓我有機會能學以致用，讓 EMBA 的學習更有成效。

——劉秋菊 臺科大 EMBA 碩士

家長好評！

我的三個小孩看了曾醫師的前兩本書，收穫很多，大兒子後來順利考上雄中，兩個女兒在國中、小成績也穩定進步中。他的系列著作非常值得一看，有許多讀書方法可讓孩子學習，千萬不要錯過！

——林宗慶 義聯集團經管會執行長

老師認證！

曾文哲醫師的書從心法到技法，能提供年輕學子明確方向，也有給家長的迷思澄清與提醒，適合國小高年級孩子以上閱讀，找到屬於自己的筆記心法。

——管玟羽 國小老師

接地氣，是曾文哲醫師的書給老師最強的感受！一針見血的說明學生該有的讀書態度，到實用的多種筆記法、升學管道說明與各學科學習心法，提供（準）高中生及父母實用的資訊與建議！

——林幸誼 臺中市東山高中老師

前言

未來教育趨勢

　　近年來，臺灣中學教育的方針與內容已大幅改變，從 20 年前的教改、9 年一貫、12 年國教，到最近的 108 新課綱，不管是課程內容還是升學制度都有很大變化，很難想像 20 年前還是聯考的舊時代。

　　但對家長來說，卻不易了解其中差異。因為家長獲得訊息的管道主要來自學校老師的宣導或網路新聞，特別是現在制度越來越多元、複雜，對大多數家長來說，小孩就是去學校「上學」，然後「放學回家」或補完習回家，要了解每 2、3 年就變動一次的制度，實在不容易。

然而，面對迅速變化的升學制度，家長有責任要陪伴孩子一起面對、一同成長。本書除了能讓學生獲得一些讀書技巧，也希望讓孩子與家長更加了解最新升學制度、教育趨勢，以擬定最佳策略。

本書第 5 章會詳加介紹目前最新制度及應對策略，而在本書一開始，我們必須先了解一下中學教育的未來趨勢。

素養教育

首先是 108 新課綱的核心精神 —— 素養教育。就是培養學生將所學知識應用在生活中的能力。大家都接受過中學教育，念書時或許心中都有相同疑問 —— 學這些東西，除了拿來考試、升學，還能做什麼？

我曾看過一篇報導，臺東高中學生簡丞輿同學透過手機定位的方式，將不規則形狀的校園分割成許多三角形，然後用「海龍公式」推估出校園的面積，這就是一個很好的應用例子。這份「海龍公式之推導與生活的應用」就成為簡同學的高一「學習成果報告」，成為他「高中學習歷程」的一項傑出成果。

　　也就是說，學知識是一種態度、一種涵養，是將所學運用在生活上，或整合不同知識的能力，而非只是把老師教的東西背熟或考試考 100 分。

　　畢竟，我們在國、高中所學的內容往後在職場或生活中大部分都不會用到。有誰平常會用到一元二次方程式、波以爾定律呢？然而，我們在職場或生活中卻常常需要學習新的知識或技術，因此重點並非過去學習了多少知識，而是「學習新事物」及「應用知識」的能力，這就是素養教育的核心概念。

　　就像十幾年前，學校電腦課教的是 window 97、小畫家，現在早已過時，各種軟硬體日新月異，每隔一段時間就會推陳出新。我們不能只靠以前學的東西，要隨時做好學新東西的準備。素養教育強調「活到老，學到老」，學得快的人才會是贏家。

　　此外，素養教育也希望培養學生的現代公民意識。除了現代公民社會制度，還包括現代政治制度、環保意識、氣候變遷、人口老化、道德教育等，都是未來相當重要的議題，不只是政府的事，而是需要全民共同討論、參與。也就是說，素養教育的不是想培養「書念得好」的學生，而是「全人教育」，讓大家具備學習新事物的能力與公民意識，能參與各種社會

與政治議題，成為自己以及國家的主人翁。

現今社會常見的許多亂象，如垃圾亂丟、交通意外頻傳、車子不禮讓行人、公共安全低落、市容凌亂、政治偏執等，都是缺乏現代公民素養的表現，也是素養教育想要從根本改善的目標。

當個有夢想的野孩子

那現在的大學究竟想收什麼樣的學生呢？傳統上，大家都覺得學校要的是認真、努力的學生，畢竟沒有努力，哪來的成功？當學生不就是要好好念書嗎？以這個標準來看，以前的聯考是最公平的制度，誰認真念書考高分，誰就應該進入好學校。然而，許多頂尖大學校長的答案可能跟你不一樣：

臺灣大學管中閔校長曾表示：「我們臺大希望能夠收到非常野的學生，『非常野』是指那些能夠不受常規拘束，思想上可以天馬行空的學生。」

清華大學校長賀陳弘則說：「清華大學尋找的是心中有一個夢想、腦海中有一張藍圖的學生。」

交通大學校長陳信宏說：「交大在尋找能定義自己未來的學生。」

　　成功大學校長蘇慧貞說：「成功大學喜歡能勇於探索、願意承擔的孩子。」

　　臺北醫學大學校長林建煌則說：「期待我們所招收的學生，是活潑、多元、充滿好奇心，及具備創業家精神的同學。」

　　由以上 5 所頂尖大學校長的回答，大家應該不難看出時代的變化。

　　「乖巧」已經不是大家想要的特質，勇於嘗試、對自己未來有想法的學生才是首選。上大學後由於沒有升學壓力，大部分人也因為住校、租房子而遠離家長，如果是就讀沒有興趣的科系，或對未來缺乏藍圖、夢想，容易頓失人生方向，在大學的表現自然不佳。

　　何況，現代已經不是勞力密集、甚至不是知識密集的時代，現在比的是創新的想法，還有創造新事物的能力。Paypal、特斯拉、SpaceX 的創辦人馬斯克放在學校恐怕不是一位好學生，他的成就卻世界共睹。他以擁有許多創新想法著稱，加上優異的執行力，造就好幾間最火紅的公司，組成了馬斯克帝國。現在大學要的就是像馬斯克這種有想法、有創造力的人才。

教育品質提升、課程多元化

　　除了現在教育的方針不同，學校教育內容也跟以前差異很大。整體來說，現在中學教育的品質提升很多，除了教育部不斷推行新課綱，將過往「填鴨式」、強調「背誦」與「學習知識」的方針，轉變為「跨領域整合」、「素養導向」的學習，學校教師的素質也不斷提升。

　　教師在過去 20 年來被視為收入穩定的鐵飯碗，成為許多年輕人的理想職業，因此得以吸引大批優秀大學畢業生投入。許多年輕教師不僅學識豐富、具備研究所或其他領域學歷，更富有熱情與教學熱忱。

　　在中學教育部分，張輝誠老師等人提倡以「學思達教育法」提升學生的學習興趣、訓練學生判斷、分析、應用等綜合能力；大學部分，常受矚目的包括葉丙成教授提倡的「BTS 教育新思維」，以創新教學式增強學生的學習動機、引領學生主動學習。除此之外，還有許多優秀的中學教師編纂自己的講義及教材，試圖創造出自己的教學風格。

　　除了一些常在媒體上曝光的指標人物，也有許多國、高中教師默默在課堂上努力，他們接受許多培

訓，花很多時間製作新教材，包括校訂必修、選修課等，可以期待未來國、高中的授課方式會越來越多元、活潑。

除了教學方式，課程內容也更多元。108 課綱實施後選修學分大幅提升，學生可以選許多自己喜歡的課，每個人的課表可能長得都不同，自由度比以往增加不少。

選系過時了？跨領域整合的重要性

另一項趨勢是以前強調「專才」，現在則強調「通才」。一個原因是現代社會變遷快速，過去界定的「領域」現在可能已經不適用，或界線已經變得模糊。

以近年最夯的電動車為例，以前汽車工業是一個很明確的領域，各高職學校也都設有「汽修科」等科系。然而，電動車牽涉的領域就廣得多，除了機械與材料等固有領域，還有電池（電動車的核心）、自動駕駛、人工智慧等，需要對各領域都有一些了解的人進行整合。

近年來，國內外開始有大學採「不分系」的策略，相當受學生歡迎。多所國立大學紛紛搶辦不分系

學程，例如國立成功大學不分系最低錄取分數僅次該校的電機、資工系；甫合校的陽明交通大學將大一、大二不分系獨立成學院，讓學生先練基礎研究功力，大三後再選系。臺大與中正大學也擬在 111 學年成立不分系。

不分系除了讓學生多一些時間探討未來職涯發展方向，了解自己真正興趣所在，也可讓學生累積個領域的經驗，大幅提升「跨領域整合」能力，也是未來發展的趨勢。

若孩子有意選擇大學「不分系」學程，家長應抱持鼓勵態度，相信這對未來職涯發展會有助益。

精準教育

雖然剛剛提到中學教育課程不斷革新，學校教師的教學內容也在提升當中，學生補習的比例卻越來越高、家長也越來越焦慮。幾乎路上所有學生都有接受補習或私校的補充課程，那為什麼大部分學生的成績依舊無法提升呢？

影響孩子成績的因素相當多，從缺乏念書動機、目標規畫、時間管理、念書技巧、筆記技巧等，每個

人的主要問題可能都不同，因此可以預期大家都需要「專屬」解決方案。

何況，每個孩子的個性與天分本來就不一樣，家長即使用一模一樣的方式教小孩，老大跟老二的反應可能截然不同，個性差異更可能從一、兩歲時就呈現出來。既然每個小孩天分、興趣、個性都不一樣，我們怎麼能期待用一種方式能教好全部的小孩呢？

現在教育系統的困難之處在於不管是學校老師或補習班老師，都是「一對多」的狀態，很難兼顧所有學生。因此，家長勢必要在中學孩子的教育上扮演某種角色，例如透過與學校老師、補習班老師溝通，觀察孩子的不同面向，找出核心問題。

青春期的孩子往往不敢跟父母全盤說出心中的想法，除了缺乏自信，也擔心會受到父母責罵。這時最好抱持開放態度，才能達成有效地溝通。

後面的章節會提到性格分類及念書技巧，家長需要做的是找出孩子的興趣，根據孩子的性格擬定策略，例如提升自信心、加強弱科。

正向教育

傳統臺灣教育遵循「尊師重道」的儒家精神，以前常有家長囑咐老師要「嚴加管教」自己的小孩，打、罵都沒關係。很難想像，一直到 21 世紀初期，大家都還視體罰為理所當然，「少幾分打幾下」更是教室裡常上演的劇情。但在歐美，體罰早就被禁止，畢竟，哪個小孩子不會犯錯呢？

在美國求學時，感受到的一項差異就是大家說話都很直接，師生間如果有不同意見會直說，不會藏在心裡。但在反駁對方前，通常會先肯定對方的想法是重要的、好的，不會全盤否定。老師對學生更是抱持鼓勵心態，不管是多蠢的問題，只要願意說出來，就是一種突破。

想像一下，如果今天你在國外好不容易鼓起勇氣開口講英文，其他人卻跟你說你英文很爛，恐怕沒有多少人敢再開口講了。相對地，如果其他人給你鼓勵和正向回饋，你就會有勇氣繼續講下去。我們在學習新事物時，不可能馬上就熟練，因此「正向回應」對學生或正在學習任何新事物的人，是非常重要的。

即使是在幼兒教育階段，以阿德勒學派信念為主

的教師也正在提倡「正向教養」的重要性。

　　阿爾弗雷德‧阿德勒（Alfred Adler）是一位奧地利醫生與心理治療師，他相信每個人天生都有想要尋求與他人連結的渴望，小孩之所以表現出不當行為，主要是由於「內心受挫」與「挫折感」。挫折感越深的孩子往往最缺乏鼓勵與正向支持。如果能賦予孩子權力和責任，提供正向鼓勵，協助他們找回歸屬感與自我價值，就能提升他們的行為表現。

　　密西根大學教授托馬斯‧卡爾（Carl Thomas）曾做一項研究，他將學生分為兩組：第 1 組學生為對照組，跟平常一樣解數學題目，第 2 組學生則會接收到「你的數學可能不太好」的信號。研究結果令人出乎意料——第 2 組學生的成績瞬間一落千丈，平時成績優異的學生，在接收到「負面信號」後，成績也出現明顯滑落。

　　也有專家學者認為，「男生數理比較好」或「男生比較適合走自然組」的傳統觀念會對學生造成影響。事實上，性別並不會影響你的數學成績。這也從近年來越來越多優秀的女性數理人才，以及逐漸拉近的理工科系男女學生比（包括醫學系也是）看出端倪。

　　可惜「正向教育」在臺灣一直被忽略，大家覺得

好好念書就是學生的本分，不好好念書就是不乖，有偏差行為就更不用說了，卻很少人去探討孩子背後的動機與心理需求。沒有從內部解決問題，恐怕只是治標不治本，效果絕對不會太好。對家長來說，最重要就是培養孩子念書的動機，「正向教育」是個很好的工具。

未來教育趨勢	過去做法	未來趨勢
素養教育	學習知識	將知識應用於生活、終身學習
學生特質	乖巧、認真、勤奮	有夢想、有想法的野孩子
課程多元化	只分自然、社會組	每個人的課表都不同
跨領域整合	就讀特定科系	大學不分系、強調整合不同領域的能力
精準教育	每個小孩的教養方式都相同	強調個體差異，包括性格、興趣、各領域能力等
正向教育	愛之深、責之切	建立孩子的信心與內在動機

第 3 章

閱讀寫作技巧培養皿

第 4 章

學習效率更上一層樓

第 5 章

大學升學考試最新解析

第 1 章

成為支配
時間的人

1-1

懂得時間管理，
比天份更重要

　　「時間」可說是天底下最公平的其中一件事，每個人的每一天都是 24 小時，不管你多有錢，一天也不會變成 48 小時。然而，如何運用這 24 小時，每個人卻有很大的差異。有些人將時間花在發呆、玩電動、躺在床上一整天，有些人則是花在投資自己。

　　以中學生來說，大家準備段考的時間都是一個半月，有些人拿滿分，有些卻不及格。或許大家會說天分占了大半，但就拿建中、北一女等明星高中來說，大家國中會考的分數都極為接近，其實都很優秀，但第一次段考後差距馬上就拉開，這就是有沒有做時間

管理的差異。

　　世界上最划算的投資莫過於「投資自己」，讓自己持續成長。不管是看書（學習新的知識）、研習（學習新的工作技能）、運動，都能讓自己心理或身體越來越強壯。

　　就像一樣手上有 100 萬元，如果每年花 10 萬元享樂，10 年後就一毛不剩。相對地，如果把錢投入一檔年報酬率 7％的基金，根據複利法則，10 年後就會變成 200 萬元。把時間花在投資自己，是一門永遠穩賺不賠的生意。能不能有效利用時間，才是決定實力的關鍵。

1-2

把握睡眠
才能掌握時間

 避免睡眠不足，陷入惡性循環

　　要好好利用時間，第一步是避開睡眠不足的惡性循環，這可是孩子學業成績的隱形殺手，往往被大家忽視。學生在學校精神不好，上課吸收效率就差，如果晚上還去補習班就更慘，折騰了一整天，哪有精神念書呢？

　　有些人會反駁：「晚上念書時間都不夠了，哪有這麼多時間睡覺？」

　　這是我們常犯的錯誤，就如同樵夫的寓言——有

位樵夫拿著鈍掉的斧頭砍樹，怎麼砍都砍不斷，旁人問他怎麼不停下來把斧頭磨利，他說：「樹都砍不完了，哪有時間磨斧頭呢？」帶著一顆不清楚的腦袋到學校、補習班上課，怎麼學都會學不好。

也就是說，理想上每天應該睡 8 小時，另外 16 小時的時間是清醒的，可以拿來工作、念書，或與家人相處、玩樂。如果睡眠不足，這 16 小時就要打折扣。即使人是清醒的，做事效率也有落差。假設白天精神不佳導致做事或念書效率只有 75%，那實際可運用時間等於只有 16 x 0.75 = 12 小時，足足浪費了 4 個小時，一週就浪費掉一天的時間。

大家應該都有過這樣的經驗：坐在教室裡昏昏欲睡，老師說什麼都聽不進去，又不好意思直接趴下來睡覺。時間等於完全浪費了，你的確在上課，卻沒有學到任何東西。

尤有甚者，精神不佳可能會讓你算錯題目，或做出錯誤決定。在收視率極高的美劇《紙牌屋》裡有一段是年輕帥氣的明日之星——魯索議員接受電臺訪問的片段。他當時要競選州長，但遭同袍設計，誘使他前一天晚上喝很多酒，隔天早上在精神不佳的情況下受訪，結果因此說出爭議性言論，最後導致州長夢碎。

把握午休，增進睡眠品質

我們真正的學習時間必須扣掉這些「無效學習」時數。算算看，如果一天上課有 4 個小時在恍神，一週下來就是 20 小時，一個月就是 80 小時，相當驚人。這也是為什麼很多人花了很多時間上課、念書，成績卻沒有任何進步，因為太多時間在「放空」，拉低了整體學習效率。

如果前一天晚上真的睡不飽，例如失眠或趕作業，那一定要把握隔天的午休。許多研究都已證實，些許午睡能大幅提升工作與讀書效率。15 分鐘的午睡效果遠勝晚上的 15 分鐘睡眠，只要中午休息片刻，下午精神都能大幅改善，非常划算。建議大家中午不要拿來念書或跑社團，把握時間好好休息。

至於晚上，也要有好的睡眠品質。如果一天熟睡的時間比別人少 1 小時，1 個月下來等於浪費了 30 小時。擁有好的睡眠品質是拿下好成績的一項關鍵。以下幾點是大多數專家的共識：

❶ 睡覺時減少燈光曝露

人體會根據位於視網膜的感光細胞傳入光線（主

要是藍光）的資訊，來校正生理時鐘，維持在 24 小時左右，因此夜晚的人工燈光，包括手機的藍光，都會干擾睡眠。當然有些人睡覺時怕黑，一定要留些燈光，但目前的建議是能少開一點燈就盡量少開，對睡眠會有助益。

❷ 入睡時間不要差異太大

人類內建的生理時鐘週期比 24 小時稍長，因此搭往東邊飛的飛機時，時差會更嚴重。而人的生理時鐘在一天中手動調整的極限是 1 小時，若兩天的入睡時間差超過 1 小時（例如昨天 11 點睡，今天 12 點半），就會影響睡眠品質，因為我們的生理時鐘無法完全調適。

❸ 避免長期熬夜

如果你是學生，不要長期熬夜念書或打電動。如果你是上班族，盡量避免長期上夜班。曾有一項針對護理師的大規模研究，結果顯示長期上夜班會提高乳癌及大腸癌的發生風險。長期熬夜不僅容易造成慢性疲累，對於健康狀況是真的會有影響的。

❹ 避免睡前攝取咖啡因或抽煙

　　這部分每個人體質差異很大，有些人特別敏感，有些人則沒什麼影響。然而，不管是咖啡因或尼古丁多少都有提神效果，勢必會影響睡眠，只是程度多寡的差別。除了興奮中樞神經，咖啡與茶（甚至可樂也有咖啡因）等含咖啡因食物還有利尿效果，容易讓我們在半夜頻頻起來上廁所，這也會中斷睡眠，降低睡眠品質。

1-3

時間管理矩陣

　　一天只有 24 小時，我們想做的事卻無窮無盡，如果要獲得最高的效率，我們必須管理好自己的時間。保持好的睡眠習慣與品質可以增加清醒的總時間。在這些時間中，我們則要設定事情的優先順序，才能提升時間利用效率。

　　近年來有學者用「矩陣」概念幫助我們做出判斷 ── 成功學大師史蒂芬・柯維（Stephen Covey）提出「時間管理矩陣」的概念，用「急迫性」與「重要性」將事情分類。

　　「急迫性」指「是否必須立即處理」，「重要性」

則代表「**對人生目的和價值觀而言是否重要**」。由這二項因素 2x2，可形成四個象限。

第一象限是「**急迫又重要**」的事，例如要在期限內完成的工作，或是會危及健康的緊急狀況等。

第二象限代表「**重要但不急迫**」的事，如學某種技藝、親子關係等，這部分通常需要長期累積或經營，雖不急著馬上做，但長期來說非常重要。

第三象限則是「**急迫但不重要**」的事，往往對別人重要，對自己卻不那麼重要，也是最常犯錯的地方。**因為急迫，因此容易產生「這件事很重要」的錯覺**。例如突然響起的電話或突然到來的訪客，雖與自身目標無關，但不馬上完成又怪怪的。

第四象限屬於「**不急迫也不重要**」的事，主要是一些浪費生命的「逃避」行為，比如觀看沒內容的節目或在辦公室放空。

柯維認為，**有意義的生活應該主要落在一、二象限，遠離三、四象限**。必須盡量捨棄第三與第四象限的工作，並對第一象限保持節制，保留更多時間在重要但不急迫的事情（第二象限）上，例如建立人脈、規畫長程目標、學習技藝等，才能提高時間使用效率，避免白忙一場。

　　投入在不同象限的比例，決定了時間使用的效率，特別是投入在第二象限的時間，因為這個區域的事情需要長期培養，如果因為「不急迫」就長期忽略，到頭來可能會發現人生是一場空。就跟有一把銳利的斧頭，砍木柴效率會高很多一樣，在第二象限投資越多，我們就有越多提升時間利用效率的工具，或是更能夠完成長期的人生目標。

⚙ 時間管理矩陣

第二象限 不急迫／重要	第一象限 急迫／重要
Ex: <u>學鋼琴、人際關係</u>	Ex: <u>明天要交的作業、緊急健康狀況</u>
第三象限 急迫／不重要	第四象限 不急迫／不重要
Ex: <u>突然想起的電話、來訪的朋友</u>	Ex: <u>放空、消磨時間的事</u>

⚙️ 練習看看

　　請列出自己最近 1 個月內做過的 1 ～ 4 象限的事。

第二象限 不急迫／重要	第一象限 急迫／重要
第三象限 急迫／不重要	第四象限 不急迫／不重要

1-4

跟上數位知識
工具風潮

通勤時間是學生或上班族可以多加利用的時間。假設每天通勤路程 1 小時，來回就是 2 小時，1 個月就是 40 小時左右，相當可觀。這段時間很適合用來學習知識或增加閱讀量，我覺得可以好好利用電子書與 Podcast 這兩種工具。

「電子書」在歐美早已蔚為風行，美國的圖書銷售額中，電子書約占 3 成。相較之下，臺灣僅 5% 左右，未來還有很大的成長空間。

電子書比起紙本書有許多優勢，一項是不受空間限制，通勤時不需要增加書本重量，螢幕本身也可調

整亮度，不像紙本書在車上會受燈光的限制。

在家裡也一樣，家裡空間有限，每次搬家礙於空間，只能忍痛把一些書回收，或有時突然想看某些書，卻放在家裡，十分不便。但電腦（或電子書閱讀器）卻可以存放無數本電子書，不管是要找書或分類都非常方便。有時想找一本書可能翻遍家裡好不容易才找到，要找電子書卻只要搜尋一下即可。

紙本書一但存放過久容易也出現泛黃、髒汙、缺損等情形，特別在臺灣這種濕度高的地方，要好好保存並不容易。相較之下，電子書的保存容易許多，只要不把檔案刪除，它永遠在那邊。

除此之外，電子書要畫線或加備註也相當容易，不需要紙、筆，用手指操作即可。而且電子檔案具有「可回復性」，如果今天想把備註或畫線刪除也沒問題，但紙本書一但做了記號就不容易清除。日積月累，這些讀過的電子書（包括教科書的電子版本）會成為你珍貴的資產，隨時隨地、只要按個鍵都能把檔案叫出來，任何做過的筆記或畫過的重點都不會消失。

電子書價格也較實體書低廉，常有吸引人的促銷活動，打完折後常常價格不到實體書的一半，能夠省

下一筆錢。透過電子書幫助培養閱讀習慣，只要有手機或是平板在手，隨時隨地都能閱讀。

另一項歷史悠久、最近又爆紅的工具就是「Podcast」。比起傳統廣播，Podcast 的好處在於可隨選、也可先儲存，想聽就打開來聽。

除此之外，Podcast 只要有耳機就搞定，同時間還可以做其他事，例如滑 FB、IG 等不需太專注的事，或趁打掃、煮菜甚至運動時播放，充分運用零碎時間。

現在已有許多手機 App 可以收聽 Podcast 節目，許多節目或主持人都相當熱門，具有許多忠實粉絲。內容也包羅萬象，從科技、星座、外文、理財、心理諮商等，絕對找得到有興趣的節目！

臺灣的 Podcast 在近幾年大爆發，目前已廣受大眾喜愛。根據統計，臺灣的 Podcast 節目在 2017 年僅有 28 個，2019 年已經成長到 277 個，2020 年更增加到 882 個，預計 2021 年就會破千！

以下是特別推薦給中學生的節目，大家不妨多方嘗試看看，或許會找到自己特別喜歡的喔！

⚙ 推薦的 Podcast 節目

Podcast 節目	主要內容
百靈果 News	主持人以犀利觀點及幽默的言談討論國際新聞，讓大家以輕鬆的方式掌握國際脈動。
林氏璧孔醫師的新冠病毒討論會	前臺大感染科醫師、也是知名日本自助旅遊部落格主的孔醫師，以專業知識為大家解說新冠肺炎疫情最新資訊，充分掌握時事與防疫知識。
劉軒的 How to 人生學	知名作家劉軒分享一些學校沒教、但對於好好生活很重要的心理技能，滋潤大家心靈。
All Ears English	兩位主持人都是外國人，語速和一般給英文母語人士聽的 podcast 差不多，主持人有活力又親切。我在美國念書時也有在聽。
通勤學英語	每集 15 分鐘以內，標榜趁通勤時間學英語，且部分單元附有雙語逐字稿，幫助大家充分利用時間。
TED Talks Daily	世界聞名的演講系列在 Podcast 上也聽得到！優點是任何口音、任何主題都有，除了練習英文聽力，還可增廣見聞。

1-5

1 分鐘法則，
避免無效學習

1 分鐘法則

　　試著想像一下，當讀書或工作到一半，覺得事情已經完成大部分了，既然辛苦這麼久，不如放鬆一下吧！然而，一旦我們開始拿起手機來滑，或看喜歡的 youtuber，往往半小時、一小時就這樣過了。進度始終停留在 80%，未被完成。長期累積下來，就會拖欠很多進度。

　　這種彈性疲乏或想偷懶的時刻，可以使用「1 分鐘法則」幫助自己撐下去，就是告訴自己再多撐 1 分

鐘的時間。

一次要撐 30 分鐘很累，大多數人會直接放棄，如果只是 1 分鐘，感覺並不困難。這尤其適合用在我們已經完成大多數工作，或快要把 1 個章節念完時，「1 分鐘法則」可以幫我們完結 1 個段落，達成完整學習。

避免無效學習

即使每天花同樣的時間念書，考出來的成績卻可能差很多。除了聰明才智，更重要的是念書效率。許多人效率不彰，原因之一是花太多時間在「無效學習」。

這是指你的確花了時間念書，卻沒有學到新東西。常見的「無效學習」分成兩個部分：

第一個是「**重複做你已經會的事**」，例如重複練習已經會的題目。

學校與補習班都會發很多練習卷，上面有滿滿的練習題，但其實有許多是重複的，有些題型甚至已經寫了 N 遍。已經會的題目寫很多遍並沒什麼幫助，因為你本來就會。重點應該是要練習不會的東西，而不

是一直練習「已經會」的東西。

第二個部分是「專注力」。

一般來說，過了半個小時後念書的專注力會大幅下降，眼睛也會開始痠痛、脖子僵硬。因此建議**至少每 30 到 40 分鐘要短暫休息一次**，超過這個長度，專注力會大幅下降，學習效率會大打折扣。專注力下降的這段時間，就是「無效學習」。你可能念了 2 個小時，但後面 3 分之 2 的時間幾乎都處於分心狀態，這樣不如念 40 分鐘就休息。

如果預計要念整晚的書，可以把時間切割為 4 個時段，每段 40 分鐘，中間休息 3 次（包括盥洗），每次 10 分鐘。

一直念書會處在精神緊繃的狀態，有些人這時躺上床後腦海容易縈繞著課程內容，因此最後可以留半小時左右的時間放鬆，可以滑個手機、喝杯牛奶助眠，收個心、慰勞一下辛苦一個晚上的自己。

總而言之，念書比的是「吸收的東西」，不是比坐在書桌前的時間。與其坐在書桌前發呆 2 小時，不如把這些寶貴時間拿去休息。只要能夠避免「無效學習」，剩下來的都是有效運用的時間，拿到好成績的機率就會提高許多。

　　國、高中屬於「義務教育」，也就是教育的對象是「全體國民」。因此中學教材內容並不是設計給天才學生等少部分人，並不需要 IQ 多高才能吸收，只要透過正確的方法學習，幾乎所有人都能駕馭中學教材的內容。

⚙ 晚間讀書時間規畫建議

時間	作息規畫
18:00-19:00	晚餐
19:00-19:40	唸書（I）
19:40-19:50	休息
19:50-20:30	唸書（II）
20:30-20:40	休息
20:40-21:20	唸書（III）
21:20-21:40	洗澡
21:40-22:20	唸書（IV）
22:20-23:00	放鬆、準備就寢

1-6

杜絕壞習慣，
你可以做的事

 跟自己比賽：計時器

要維持念書的動力，一項秘訣就是讓「念書」本身變得有趣一點。我們當然不可能改變書本的內容，然而我們可以讓念書的「形式」稍微變化一下。

想像一下，如果你一個人打籃球，只是不斷投籃，投久了也會覺得無聊吧。但如果今天有個人來跟你比賽，即使差距懸殊，也會比較有趣，因為有「互動」與「比賽」感。我們在念書時要盡量創造出這種「比賽」的感覺，才能有效提升動力。

當念書念到心浮氣躁時，使用這種方法特別有效。設定的時間不需要太長，只要讓自己撐到原本預定的休息時間就好。例如原本預計從 8：15 念到晚上 9：00，但到 8：30 就念不下去了。

這時就用碼表或手機設定 30 分鐘，假裝另一個人在跟你比賽，只要撐完 30 分鐘，你就贏了。時間一到，你會覺得自己擊敗了意志力，有種勝利的小小快感。要一次專注 1、2 個小時有點困難，因此要設定一個可行的目標，一般來說，半小時左右是可以達到的長度。

不要把「等有空再去做」掛嘴邊

「等有空再做就好！」這句話常常在我們耳邊響起，畢竟大家平常都很忙，有些事等以後有時間再做就好了啊，然後就會發現永遠沒有時間。

會發生這種事，主要是因為做這些事的動機不夠。例如寫寒假作業，剛放寒假，一定會想先放鬆一下，這時候必須屏棄「等有空再做」的想法，就算現在有緊急事件或已經跟別人約好的事，也要把這件事先記在排程上，否則就會漸漸被遺忘。

　　要不要馬上去做一件事，往往是一念之差。有非常多理由可讓我們延遲，例如身體不舒服、現在時間還很早、等等有其他事。然而這「一念之差」累積起來的延遲卻相當可觀，一天遲延 1 件事，一個月後就有 30 件事沒做。

　　要擊敗這些「一念之差」，就要抱持「立刻去做」的決心，千萬不要讓「等有空再做」出現在腦中。一旦出現這句話，就代表現在是該行動的時候。

第 2 章

記憶力
強化之術

2-1

記憶運作與聯想練習

在第 1 章談完時間管理後,接下來要來談談如何在念書過程中增強記憶。增強記憶的方法除了念書,在職場及日常生活中處處皆可用。當然每個人適用的方法都不同,但多少一定會有幫助。

記憶如何運作

「記憶」是如何運作的呢?心理學家指出,**記憶(memory)是指保留及提取過去的經驗,以供此時此刻使用的方法**,包括收錄、儲存和提取 3 個基本

運作。

在收錄階段，你會將感覺訊息轉換成一種心理表；在儲存階段，將已收錄的訊息保留在記憶中；在提取階段，找出或使用儲存在記憶中的訊息。

理察・阿特金斯（Richard Atkinson）和理察・謝弗林（Richard Shiffrin）這兩位學者提出記憶的三大儲存庫：

1. **感覺儲存（sensory store）**：可以非常短暫的儲存數量相對有限的訊息。

2. **短期儲存（short-term store）**：可以將訊息儲存較長的時間，但容量仍然有限。

3. **長期儲存（long-term store）**：擁有非常大的容量，能夠長久儲存訊息，甚至可能是永久的。

加強任一個階段或儲存庫，都可增加記憶的能力。以下來看看在實務上有哪些方法可以用來增加記憶力。

聯想練習

當我們學習新東西時，往往看過就忘，需要好幾遍才能把它記起來，等到考試時早就忘光光了。這個

困擾可以使用一項提高學習速度的方法，就是使用聯想的技巧。

例如現在隨便打一組數字：218341945，如果要在 1 分鐘之內背起來，恐怕大家都沒有把握。然而，如果把這一串數字想成「2 年 18 班的 34 號同學」，再加上二次世界大戰結束的年份 1945，這就變成一串有意義的數字。

對每個人來說「有意義」的東西都不同，只要遵從當下的直覺就好。只要有一絲絲的聯想，效果都會好過直接「裸背」這串數字。

不只念書才會用到這個方法，這項技巧在生活中處處皆可使用。例如「記別人的名字」就是一個好時機。像是在營隊或餐會上認識了很多新朋友，但過一會兒就把大家的名字忘了，當對方說出你的名字時，你卻一時語塞、怎麼也想不起來對方是誰。

聯想的方式不用一定要很有道理，只要你想得起來、方便就好，因此只要用「當下浮現腦中的想法」。例如「元欣」可以用「圓型的心」來記憶，過一會兒你可能早就忘記「元欣」兩個字，但一定會記得「圓型的心」這個詞。

使用「聯想」的好處會遠遠超出你的預期，千萬

不要小看短期記憶的消逝速度，有時接通電話、聊個天，可能連剛剛事情做到哪裡都忘記。針對課程中常常搞混或難記的內容，「聯想記憶法」會是一項實用的工具。

⚙ 練習看看

試試看用自己的聯想方式來記憶下列的數字、詩詞，與課文內容。

❶ 104311789421

❷ 宣室求賢訪逐臣，賈生才調更無倫。可憐夜半虛前席，不問蒼生問鬼神。

《李商隱 · 賈生》

❸ 向性運動：植物體各部位對生長素濃度的反應不一。例如較高濃度的生長素會促進莖生長但抑制根生長；較低濃度的生長素會促進根生長。

⚙ 參考範例

❶ 拆成 104、311、789、421 四組數字：104 可聯想「104 人力銀行」，311 可聯想「日本 311 大地震」，789 是連續數字很好記，421 則是把它想成一個

「等比數列」。

❷ 詩詞使用故事與視覺聯想較容易。想像宣室（皇帝）與賈生（賈誼）在半夜見面對談的畫面，皇帝為何會找賈誼呢？因為要求賢，找賈誼是因為他才氣高，後面就很好記了——不問蒼生大計，卻只問鬼神之事。李商隱描寫的對象為漢文帝，但意在借古諷今。

❸ 向性運動是學生在生物科常搞錯的部分，可以使用視覺聯想加理解的方式記憶。想像我們今天把生長激素分別注入植物的根與莖，因為重力的關係，生長激素在根與莖的下面濃度較高。想像一根植物的莖在你面前，如果下半部長比較快，那麼它就會慢慢往上長，這符合「莖」的生長方式。但根要往地下長，因此必須上面長比較快，也就是對生長激素的反應要跟莖相反。

2-2

艾賓豪斯遺忘曲線

　　人的遺忘速度有多快？德國心理學家艾賓豪斯為了回答這個問題，選用了一些沒有意義的音節，也就是那些不能拼出單詞的眾多字母組合，比如 asww、cfhhj、ijikmb、rfyjbc 等。

　　他經過測試得到了一些資料，並根據這些點描繪出了一條曲線，這就是非常有名的「艾賓豪斯遺忘曲線」，右圖中縱軸表示「記憶」，即學習中記住的知識比例（%），橫軸則表示經過的時間，曲線表示記憶量變化的規律。

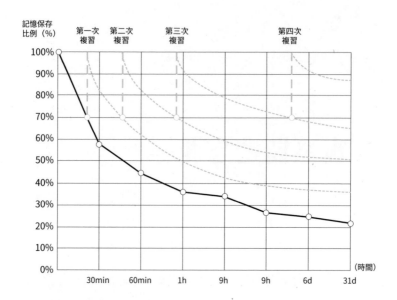

艾賓豪斯遺忘曲線。圖表出處：
Schimanke, F., Mertens, R. & Vornberger, O.（2013）。

　　這條曲線顯示遺忘的速度不是固定的，而是在記憶的最初階段遺忘的速度比較快，後來逐漸減緩。觀察這條遺忘曲線會發現：**如果在一天後沒有複習，記憶大約就只剩下原來的三分之一；一週後，則剩不到四分之一。**

　　然而，這是在毫無關聯的「硬背」狀況下，艾賓豪斯發現不同人的曲線斜率不同，而在使用有意義的文字情況下，遺忘速度會減緩。這暗示著我們如果使用一些學習方法，例如剛剛提過的「聯想法」，以及

後面會提到的「感官學習法」、「鏡像記憶法」等，這條曲線就有機會改變，減少遺忘比率。

這個遺忘曲線同時也告訴我們——人的遺忘速度是很快的，這也暗示「做筆記」的重要性。一隻爛筆勝過千言萬語，即使當下記憶再鮮明，時間一久還是可能忘掉，如果把它寫下來，隨時都可以回頭複習。

最後，這條曲線也告訴我們「複習」的時機，在我的前一本書《新課綱上路也不怕》有分享過「複習筆記 3 時機」，正是基於艾賓豪斯遺忘曲線的原理。**最好每天回家將今天上課的內容稍微複習一下**，因為過了 24 小時，那些上課的內容早已忘記大半。

越早複習就越有效率，因為這時我們記憶猶新，不需要花太多時間就能喚起記憶。相較之下，如果隔 1、2 週（差不多是小考前）才回頭看，到時候的記憶可能剩不到 10%，複習起來就困難多了。

透過適當的複習及記憶強化，長期下來，念書吸收的效率會相差很多。如圖中的虛線所示，一個月後，知識記住的比例從 20% 上升到將近 80%，足足差了 4 倍。

2-3

鏡像記憶法

　　鏡像記憶法的理論來自於前面提到的「感覺記憶」，其中影像儲存庫（iconic store）是一個非常短暫保留訊息的獨立視覺感覺編碼器，它的名稱來自於訊息是以「影像」的形式儲存。

　　例如今天你在黑暗的背景中以仙女棒寫下名字，比起寫在白紙上，你會覺得前者印象比較深刻——雖然它只存在短短幾秒鐘，遠不如書上文字存在的時間。

　　想像自己的眼睛是一臺照相機，「喀嚓」一聲將書本的內容記錄在腦海裡，或像手機、電腦的截圖功

能，把自己的頭腦當成記憶體，用圖片方式將要背的東西記在腦海中。然而，我們很難光憑一次截圖就把它記起來。如果腦海中的影像已經模糊不清，就回過頭去再「拍」一次照，停留在腦海中的影像就會越來越不容易忘記。

這種方法對於記憶「圖像」特別有效，例如地理的地圖、各種圖像。記得以前念臺中一中時，有次歷史段考的題目是：「請問課本第 59 頁左下角的圖是關於什麼主題？」這種近似惡搞的題目大家都答不出來，但我憑藉著腦中儲存的影像，硬是答對這題。

有句話說「一圖二表三文字」，人類在辨認圖片的能力本來就比純文字好，所以大部分人都喜歡看圖，不喜歡看密密麻麻的文字。使用「鏡像記憶法」能夠讓原本的文字、圖表轉變成影像，除了原本單純對「文字」的記憶，現在還多了「影像」的儲存方式，對加強記憶來說可說是百益而無一害，值得一試。

2-4

三點總結法

　　國、高中一堂課約 45 到 50 分鐘，平均來說，每個段落或重點要講 10 到 15 分鐘，因此每堂課會有三個左右的大重點。**要盡量訓練自己用「三個重點」總結剛剛那堂課。**

　　聽到下課鐘聲，大家的第一個想法都是：「啊～終於解脫了！」準備衝出教室放鬆一下，但先別著急。因為一旦下課結束，緊接著又是下一堂課。一天八堂課上完，腦袋的東西早就混成一團，無法多作思考。

　　這時我們應該多花 30 秒，簡單總結剛剛那堂課

的重點。如果可以，把它寫下來；如果不行，在心中默念一遍也可以。一整天累積下來，就有 24 個重點左右，這些就是今天學校課程的精華！

「三點總結法」在補習班上課或聽講座時也一樣適用。以補習班 2 個小時的課程來算，差不多會有 6 個重點。如果是 1.5 小時的講座，則會有 4 ～ 5 個重點左右。

當下即時整理重點有許多好處，除了趁記憶猶新時進行統整效率最高，這些重點也是你寶貴的筆記。累積一段時間再回頭看，你會發現原來自己學了這麼多東西！

2-5

記不了概念，就記例子

　　很多時候，我們發現文章的概念很抽象或很零碎，背了一下就忘記，怎樣都背不起來。然而如果是應用的例子就簡單多了。就像背英文單字，很多字看過去就忘，但如果看一下例句，對這個詞怎麼用就有很深的印象。

　　在腦海中搜尋記憶，有時就好像在一片汪洋中找尋一塊小紙板那樣困難，如果把目標綁上一顆紅氣球，至少顯眼多了。

　　另一項好處，是可以增加學習動機。因為**要把一項東西學好，一定先要有動機**。否則就像開一架沒有

目的地的船，在海中隨波逐流、不知航向何方。

　　一般來說，除非是對「純理論」相當有興趣的人，不然我們學東西就是為了應用在生活上，如果能夠了解這個知識應用的例子，就會讓我們覺得「學這個東西是有用的」。

　　例如物理課教的「槓桿原理」，生活中的開瓶器就是一個很好的應用例子，因為開瓶器的把手遠較開瓶器與瓶蓋的距離長，只要出一點力就能把拴得很緊的蓋子打開，而且開瓶器把手越長越省力。

　　同樣道理，如果今天手邊沒開瓶器，也可以用鑰匙、湯匙等物品來開，只要想辦法運用「槓桿原理」，就能成功把瓶蓋打開。

　　單純學「槓桿原理」的理論或計算很無聊，但實際運用在生活上就有趣多了。透過記這些應用的例子，或實際操作一遍，可以讓自己對這些原理更有印象。

2-6

羅馬房間記憶法

　　古羅馬學者西塞羅（Cicero）以旁徵博引、說理清晰聞名。據說，有次他發表演說離開後，那棟建築物很不幸地倒塌了、壓死許多人。由於許多屍體難以辨認，羅馬當局便請西塞羅回憶當天有誰參加，以便統計傷亡。西塞羅憑著空間辨認的技巧，將房間擺飾、方位與在場的人做結合，成功回復當天的場景，技驚四座。

　　他到底怎麼辦到的？當然是透過一些幫助記憶的技巧。

　　「羅馬房間記憶法」可說是一種「視覺空間記憶」

法，將要記憶的東西投射在空間內，利用「對應關係」加強記憶強度。練習時可以用自己的房間，也可以用任何空間。大致上有幾個步驟：

❶ 觀察周遭環境：看看天花板、牆壁和放在地上的物品、傢俱，最好是沿著順時鐘或逆時鐘等特定方向，以避免遺漏。

❷ 統計與歸納：例如天花板上有燈、警報器，牆上有冷氣機、油畫、時鐘，地板上有衣櫃、除濕機、沙發、桌子、延長線等。你可以納入所有東西，也可以從中挑 10 ～ 15 樣比較重要的東西。

❸ 編碼：為這些物品與其相對應的位置標上編碼

❹ 轉換：將你要記憶的東西一一對應到房間內的物品。例如今天要背歐洲國家的位置，可以用類似的相對關係作轉換：將法國對應到桌子，而桌子的右邊是衣櫃，則對應到德國（德國地理位置在法國的右邊），以此類推。

❺ 牢記：轉換好之後，將畫面牢記，往後如果需要記憶時，就想起這個空間，將你要記憶的東西，與心中空間裡的某個物品產生互動，將能夠讓你的記憶更有組織、有系統、有畫面、甚至有聲音，記憶的效果也會更良好。

⑥ **回憶、強化**：之後每隔一段時間就在腦海回憶剛剛記下的畫面。

⑦ **驗收**：一段時間後，寫下當初記憶的東西，檢視自己記住的比例。

其中「轉換」的步驟，不一定要用「房間」的版本，可以使用任何你熟悉的東西。例如用自己的身體，把左手當作法國、右手當成德國、左腳當成義大利，右腳則轉換成希臘（希臘在義大利的右邊）。

如果要記憶較複雜的內容，就需要用結構較複雜、但你熟悉的東西，如學校建築、電玩場景，或家中陳設較多的房間等。

總而言之，「羅馬房間記憶法」的概念其實很簡單，**就是將我們要記的東西與現有的東西產生連結。**例如剛剛提到的歐洲地理，假設是第一次學，肯定對法國、德國、英國等國家的地理位置不太熟，如果用硬背的，肯定一下就忘了。相對地，你已經對自己的身體或房間非常熟悉，閉上眼睛都能輕易地回憶任何物品，這時將要記憶的東西聯結上去，就可以強化記憶的韌性，大家不妨試試看。

2-7

視覺心像

「心像」指的是對當下未被感覺器官感受到的事物所形成的心理表徵。

我們常常對物體、事件和場景形成影像。例如，請回憶第一天在大學上課的經驗，回想當時感覺到哪些景象、聲音，甚至氣味。那些經驗可能包括了騎腳踏車的大學生、剛修剪過的草坪、高大的建築物、兩旁高聳的椰子樹，還有剛開學忐忑不安的心情。

雖然現在無法親身感受，仍可想像身在其中的經驗。事實上，**心像甚至可以表徵你的感官從未經驗過的事物**。例如，想像自己坐在獨木舟上沿著淡水河順

流而下會是怎樣的情形。即使從來沒試過，還是可以大致想像那種感覺。

俄國心理學家亞歷山大·魯利亞（Alexander Luria）曾報告一個案例，代號為「S先生」，魯利亞發現這個人的記憶可說是沒有限制。S先生可以重現非常長的字串，無論這些字給他看之後經過多少時間。

魯利亞對S先生進行超過30年的研究。他發現即使經過15、16年，S先生仍然可以說出當時學習過的數字。大家對他驚人的回憶能力讚嘆不已。

他記憶的其中一項關鍵是視覺心像記憶術，S先生**將需要記的材料轉變成視覺心像**。例如當要記住「綠」這個字時，他會想像看到一個「綠色的花瓶」；對紅這個字，則會想像看到一個「穿紅襯衫的男人」朝他走來。

即使是數字也可被轉換成心像。例如，「1」是個自豪、肌肉結實的男人、「3」是個沮喪的人、「6」是個腳腫脹的人等。

每個人的「敏感天賦」不同，適合的方式也不同。有些人對數字特別敏感，從小就喜歡珠心算、數學；有些人對顏色特別敏感，能區分出許多細微顏色的差異。科學家也指出，有些人是「視覺動物」，有

些人則是偏好聽覺、觸覺、甚至味覺。**除了使用視覺心像，也可轉換為聲音或觸覺來記憶。**

使用你喜歡的系統進行轉換，久而久之就會摸索出一套最有效率的方式。「視覺心像」跟「羅馬房間記憶法」其實有點類似，都是將要記憶的東西與熟悉的東西綁在一起，讓它形成一個網狀結構，就容易將短期記憶轉化為長期記憶。

「心像」並不單只是憑空想像，一些腦部影像的實驗已經證實這部分。某項研究中，當研究者要求實驗受試者看著某些物體進行分類，再要求他們對視覺化的物體（心像）進行分類，結果顯示在某些腦區中有超過 90% 的區域會被一同激發，這顯示視覺心像跟實際看到物品有些類似的效果。

實際上，心像使用的範圍不只限於幫助記憶，許多心理學家正在研究心像在其他領域的應用，包括藉由誘導心像的技術控制疼痛和強化免疫反應，以及在其他方面促進健康。這些技術也有助於克服心理問題，如恐懼症以及其他焦慮性疾病，未來潛力可期。

第 3 章

閱讀寫作技巧培養皿

3-1

深度閱讀

閱讀能力」是學生不可或缺的核心能力之一，幾乎所有學習過程都牽涉到「閱讀」，因此閱讀技巧會大幅影響學習效率，增進閱讀能力也是 108 新課綱的重點。

除了靠「閱讀」輸入知識，我們也需要透過「寫作」來輸出知識，現在升學考試寫作占的比例，也有逐漸升高的趨勢。

因此，本章要談談如何增進閱讀及寫作技巧。

閱讀能力決定考試成敗

「閱讀能力」在中學教育越來越重要，除了新課綱重視，大考題目也越來越長、出題傾向沒有明確範圍，**因此必須短時間內吸收大量資訊，並迅速做出判斷**。要能做到這點，就必須有優異的閱讀能力。

我們平時閱讀文章的方式，大多屬於「被動式閱讀」，瀏覽時不會做太多思考。如果是看報章雜誌等單純「接收時事資訊」的內容無傷大雅，因為我們只需要擷取主要內容，有時甚至看標題就足以掌握資訊。然而，如果是看學術文章、文學作品，或具有教育性質的文章，使用「深度閱讀」才能大幅增進閱讀能力。

以大考來說，考題出現的文章都是富有教育性質的文章。例如國文閱讀測驗可能會節錄某位作家的散文、小說，或歷史科考題可能引用某段史料。同樣一篇文章，每個人解讀的能力都不一樣，除了眼睛的閱讀速度，「正確解讀」的能力是決勝關鍵。你看的點越深入，就越能掌握文章的精髓。

就像以「開車」來說，你的角色可以是路人，只看到車子的外觀；也可以是開車的人，對車子性能有

基本掌握；也可以是維修技師，懂得如何排除故障；或者是設計工程師，對車子的架構十分熟悉。誰對車子最了解呢？當然是設計工程師。

同樣地，看完一篇文章，我們可以一無所獲，看過即忘；也可以熟讀文章，抓到作者的精髓；甚至也可以因這篇文章激發思考，獲得更多東西。要能做到後者，就必須透過「深度閱讀」。

深度閱讀 4 步驟

「深度閱讀」指的是邊閱讀邊思考的能力，要如何練習深度閱讀呢？包括 4 個步驟：預測、總結、反思、延伸閱讀。

❶ 預測

一篇文章在開頭後通常有幾種形式，**當在閱讀一篇文章時，試著預測文章接下來的走向。**

第一種是正、反方先後呈現。例如作者在探討某個議題，以「電子投票系統」為例，第一段是簡介，第二段可能先呈現「電子投票系統」的優點，例如快速、節省紙張、統計方便等。第三段則呈現缺點，例

如可能有駭客入侵、竄改、電力中斷等問題。

　　這是常見的「報導性文體」，作者本身並不帶任何主觀判斷，而是忠實呈現事情的正反面向，結論則留給讀者自行判斷。

　　第二種常見走向是「加強語氣」，針對某項議題做更深入的探討。這類文章通常立場明顯，且前後幾段會有因果關係，環環相扣，主題明確。

　　以「某飯店開發案對環境的影響」為例，文章第一段可能提到區域性的影響，例如廢水排放，第二段則探討當地生態環境改變造成的長遠影響，例如某種生物棲地被破壞，因而導致整個食物鏈不平衡，造成更多生物滅絕。

　　第三種則是「轉折延伸」，作者筆鋒一轉，藉由第一段的開頭將文章帶往其他議題。

　　例如作者一開始談論「臺灣少子化」，接著提到主因是房價飆漲薪水卻沒漲、年輕人負擔太重，後面篇幅則都在探討「為何臺灣房價居高不下」，是稅制不公、建商政治勢力龐大綁架政府、抑或臺灣人特別熱衷炒房等。前面是鋪陳，後半部分才是作者主要想探討的題目。

　　熟悉以上幾種結構，並透過反覆練習，考試時

就可快速掌握題幹，不僅能提升掌握度、提高答對機率，也能加快閱讀速度。

② 總結

看完一篇文章時，試著用 2～4 個重點總結。 你可以把它寫下來，也可以在腦中思考就好。這不是為了交作業，而是練習歸納技巧及加強記憶。過了一段時間，我們往往早就忘記文章的細節，只會記得雛形，而這個總結可以幫助你記住當下的感受及文章重點。

③ 反思

在閱讀文章時思考——「如果我是作者，我會怎麼寫？」及「文章有哪些不合理的地方？」。

許多作者在寫文章時，本身是帶有偏見或既定立場的，甚至有些文章光邏輯本身就不是很嚴謹，因此在閱讀他人文章時要帶著「批判性思考」的立場，不能照單全收。「盡信書，不如無書」，作者寫的並非金科玉律，要習慣自主思考。

當然在考試時沒辦法這麼做，但平常閱讀時應該要試著練習，這對培養「批判性思考」能力有很大幫

助，這也是臺灣教育比較缺乏的一塊，多多練習，有助深入了解文章背後的架構。

記得我以前參加美國研究所考試（GRE），有一題的題目是這樣的：「新聞報導 A 城市郊區有一條河流，河面寬廣、水流平穩，但水上設施老舊，因此沒有什麼人在那條河流遊憩。A 市政府決定今年要撥一大筆預算翻修水上設施，預期明年在那條河流遊憩的居民會增加許多。」

請你評論以上這段話，有哪些疑慮或不合理之處？

這題其實不容易，內容乍看很合理，政府花錢翻修設施，大家當然會跑來玩，不是很理所當然嗎？然而，有一些點是值得討論的。

例如，原本居民不來這條河流從事水上活動，不一定是設施老舊，也可能是因為附近有風景更優美的地方，因此觀光客都被吸走了。即使翻新設施，遊客也不一定會大幅增加。

或者是，居民不來這邊玩的原因可能是水質不好，臭氣熏天，不一定是設施老舊。如果 A 城市不增加興建地下汙水道，不改善河流水質，居民還是不會來這邊玩。

　　仔細看看身邊的文章，特別是一些網路評論，會發現即使看起來頭頭是道，裡頭還是有很多邏輯未臻完善的地方。**接著，想一下如果你是作者，會怎麼寫這篇文章？**這篇文章有哪個地方讀起來不通順？或有哪些點怪怪的？如果是你來執筆，會怎麼表達你的觀點？

❹ 延伸閱讀

　　很多文章主題是平常不太熟悉的，例如黑膠唱片、十字軍東征、食品安全檢驗等包羅萬象的題目。在前述解析、預測、反思的過程中，可能有許多不確定的地方，或需要更多資訊才能理解這篇文章。

　　平常練習時，應該要試著花多一點時間找尋相關資料。這樣有許多好處，除了讓你更了解這個主題，也能幫助你判斷文章內容是否正確、作者立場是否偏頗，並增加反思的材料——例如有了這些額外的資訊，如果我是作者的話會怎麼操刀這篇文章？

　　熟悉文章的結構，可以幫助我們在考試時快速進入狀況，抓到作者想表達的重點。**閱讀能力的成長並不會與閱讀量完全成正比，閱讀時的思考才是進步的關鍵。**

　　「深度閱讀」是平常增進閱讀能力非常重要的方法。經過以上這些步驟，你對文章或書本的體驗就會非常深刻，這就是深度閱讀的精髓，而非草草看過、船過水無痕。

⚙️ 深度閱讀

步驟	方法
預測	閱讀時試著預測文章接下來的走向，例如正反呈現、加強、轉折等。
總結	用 2～4 個重點總結，練習歸納並增強記憶。
反思	批判性思考，找出作者的立場與弱點，並模擬自己的寫法。
延伸閱讀	對不熟的主題應花一點時間找尋相關資料，擴充自己的知識庫。

3-2

結構式閱讀 vs. 碎片式閱讀

　　如同建設公司在蓋一棟大樓時，一定是先把主結構、鋼筋水泥處理好，才會進行室內設計、裝潢、傢俱等細部工程。我們在學習一門新的學問或課程時也一樣，**必須掌握大架構，打好基礎後才開始處理細部構造**。

　　以高中物理課的「牛頓力學」來說，必須先了解三大運動定律怎麼來的，自己推導過一遍，**確認理解它的含義，再區分各種題型**，例如斜坡、滑輪、摩擦力、彈簧等，先掌握大的架構再各個擊破。而非在不了解大概念的情況下就跳進某個題目，只會越來越搞

不清楚狀況、越發挫折，最後失去學物理的信心。

　　每一種題型的解題小技巧或一些口訣，屬於「碎片式閱讀」，可以幫助你寫題目更得心應手，考試錦上添花。但若連大架構都不了解就直接鑽研零碎的解題技巧，就會變成「硬背」，對學物理幫助不大。

　　生活中的事物也一樣，以學「投資」為例，**基本的經濟學與財經知識就像骨架，必須先透過「結構式閱讀」打下基礎**。要做出正確判斷，必須先了解經濟與市場的基本運作原則。

　　至於網路上或報紙的每日財經快訊屬於「碎片式閱讀」，零碎但即時、且提供重要訊息，與基本財經知識兩者相輔相成。了解市場運作的規則，再搭配即時訊息，才能做出好的決策。

　　之前火紅的「雪球速讀法」也是強調這個道理，要「速讀」不是只有靠眼球動得快，因為就算看了但沒吸收進去也沒用。「雪球速讀法」強調的是用既有知識當成雪球，雪球在滾動時會不斷黏附新的雪花，最後以極快的速度成長，越滾越大，這才是精髓。這種方法其實講的就類似「結構式閱讀」與「碎片式閱讀」，如果順序顛倒，學習效果就會大打折扣。

3-3

好用標記法

　　我們在看書時為了保持一定的速度，往往懶得畫線或做記號，掃過一遍就覺得「自己看完了」。但前面提過的「艾賓豪斯遺忘曲線」正證明了，隔一段時間，大部分的記憶早已消失。看同樣的內容第二遍時，往往要花費接近第一遍的時間才能看完，完全沒有省到時間。

　　要解決這樣的問題，除了定期複習，還可以靠「標記」來提高效率。標記的方法主要有幾類：

❶ 畫重點

目的有兩個，一是加強記憶，另一項是增進讀第二遍時的速度。後面章節會提到「多感官學習」的重要性──「畫重點」這個動作不但增加視覺上的回饋，本身也牽涉到肢體動作，可以增加視覺與本體感覺的回饋。

此外，如果念第一遍時有畫重點，念第二遍時就能馬上看出重要的地方，可大幅節省念第二遍花費的時間。

❷ 註記或評論

除了畫重點，在念書時會有一些心得或總結，例如「原來美國獨立革命成功跟法國派兵協助有關」、「物理滑輪的題目先把力的方向標出來會清楚很多」等。

這些東西對之後複習很有幫助，但如果不立刻把它寫下來，再回頭看不一定能得到相同體悟，如此一來，同樣的題目就容易一錯再錯、重蹈覆轍。

❸ 寫下疑問

念書時除了會有一些靈感、心得或總結，有時也

　　會產生新的疑惑。同樣地，如果沒有立刻寫下來，之後就會忘記當時的問題為何。「疑問」並不會自己被解決，它就像一個隱形的陷阱，如果都不去管它，有一天考試考出來，你就會踩到那個陷阱而丟掉分數。如果終究要弄懂的，何不現在就把它搞懂呢？

　　考試就如同「乳酪理論」，當你在這個地方留一個洞、那個地方也留一個洞時，考試可能就剛好考到這些不會的點。你很納悶明明已經念得很仔細了，為什麼還是不會寫呢？

　　其實這些「洞」平常就應該先補起來，首要步驟就是把有疑問的地方畫起來，往後複習一看就知道自己問題在哪。標註的方式不一定要畫線，也可以選擇任何自己喜歡的方式，只要快速、簡單就好。

　　以上三種「標記」可說是閱讀或是念書時的基本技巧，大多數人不去做的原因是偷懶，這很可惜。就像剛剛分析的，這些「標記」的 CP 值很高，多花一點點時間就能提升閱讀效率，長期而言也能提升考試成績。

3-4

透過口語表達學作文

現在我們要來談談如何在考試時「輸出」，也就是寫作。「學作文」對很多人來說是一項極為枯燥又困難的事，但其實作文並非一定要坐在書桌前拿著紙筆才能練習。

可以把作文想像成「把想說的話用寫的方式表達」，只不過是經過修飾、看起來較優美罷了。因此，要訓練作文能力，可以從日常口語表達開始。

第一個方法，是訓練自己「多表達心中的想法」，這對男生尤其有幫助。曾經有研究統計，男生平均每天講的話是 7 千字左右，女生則高達 2 萬字，

足足差了 3 倍。

如果整天都不說話，當然就少了練習機會。在與家人、朋友吃飯時，或下課時間，只要心中有什麼想法，盡量把它說出來。

現在很多作文營、國文營，不是只讓孩子坐在那邊寫作文，而是融合了口語表達課、體育課，甚至戶外郊遊，透過增加孩子的感官體驗、生活經驗、口語表達，作文能力才能大幅提升。如果只是坐在書桌前練習，他們一下就失去興趣了，效果有限。

在說出內心想法的過程中，除了練習口語表達，語言本身的形成也會刺激大腦的語言區（閱讀、寫作也會），「用進廢退」在生物學是很重要的原理，使用的頻率越高就越能精進功能，而越少使用的大腦區域則會傾向萎縮。

第二個方法是將口語「精緻化」。日常生活中的對話大都非常簡單，沒經過什麼修飾。我們可以試著讓表達內容稍微精緻化，增加表達的深度。

舉例來說，**同樣是「覺得開心」，程度上可以有很大差異**，例如你今天可能很幸運中了樂透，開心得快飛上雲端了；或是好不容易把今天繁重的功課寫完了很開心；也有可能只是去買早餐時老闆娘喊你一聲

「帥哥」，雖然老套但還是稍稍開心了一下。這三種情況開心的程度是有差別的。

仔細來看，**除了程度的差異，「開心」的成分也有所差異。**前者中樂透很大是運氣的成分，因此你覺得自己非常幸運，這麼低的機率竟然被你賺到了；後者則是來自努力工作的成果，辛苦一整天好不容易把作業寫完，這種開心帶有「如釋重負」的感覺以及把作業寫完的「成就感」。

如果能把這些細節表達出來，不僅更能與別人分享你的生活，口語表達能力也會在不知不覺中慢慢進步。而寫作文就是把「想說的話用紙筆記錄下來，再稍加修飾」。如果平時就能將自己的想法深度表達，在考場中就能振筆疾飛，不會看著考卷乾瞪眼。

增進口語表達能力不僅是為了作文。對學生來說，好的口語表達不管是在上臺報告、社團、人際互動，甚至升學面試中都大有幫助。而最簡單的方法就是從日常生活開始──提醒自己勇於表達心中的想法，而且要描繪得越詳細越好，久而久之不僅口語表達進步，作文能力也會跟著潛移默化。

3-5

主題式寫作

「如何加強作文」是個大哉問，如果突然被問這個問題，恐怕很多人都要想很久。作文的困難之處在於需要長期培養，沒辦法透過考前衝刺或「臨時抱佛腳」的方式就輕易大幅進步。

除了利用口語表達，提升作文練習量也很重要。然而，平常練習作文並不是找個題目來寫就好，同樣的句子你寫一千遍，也還是同樣的水準，並不會因此進步。

要提高作文練習的效率，「主題式寫作」是一項非常重要的練習方式，這是指一次描寫一個主題，而

非一篇完整的文章。例如今天要描寫「月光」或是「燈光」，你會怎麼寫呢？

首先，可以自己試著描寫看看「月光」的感覺，例如「一縷銀色瀑布從天空緩緩傾瀉而下」。接著，可以上網搜尋或找家裡的書，看看別人是怎麼描寫「月光」的。你覺得作者寫得好嗎？運用了哪些技巧？

如果覺得別人描寫得很優美，可以把它記下來，放進自己的「名言佳句」檔案，有空就拿出來複習，**這就是寫作文非常好的素材庫**。有些片語、佳句會逐漸內化在心中，考試需要用時自然就浮上心頭，讓你文思泉湧。

仔細想想，整個中學生涯我們可能會寫不下數十篇、甚至上百篇文章，如果每次把一個主題練好，累積下來就會有很多派上用場的機會，有很多作文素材供你使用。

作文與選擇題有很大的差別，選擇題的題目寫得一清二楚，作答的人只有「會」跟「不會」兩種情況。相對地，作文的內容是考生可以掌握的，只要與主題相關，你可以把內容引導到你擅長的領域，趁機好好發揮。

作文實力無法一蹴而就，也沒有「一夜速成」，只能靠長期積累。透過「主題式寫作」的練習法，作文實力可以有效慢慢提升。日積月累之下，寫作進步的幅度可能會連自己也嚇一跳。

3-6

親子共讀

　　如果您的孩子還小，請務必培養「親子共讀」的習慣，因為**成績好的學生與成績不好的學生通常有個差別——閱讀習慣。**

　　這其實也不令人意外，如果不能坐在書桌前好好看書，怎能應付繁重的中學課業呢？然而，閱讀習慣無法一夕養成，特別是現在 3C 產品誘惑越來越多，很難叫孩子光憑意志力乖乖念書。因此，培養「親子共讀」的習慣是目前教養專家的共識。

　　「親子共讀」趁孩子越小開始越好，然而只要小孩願意，並沒有年齡上的限制。**讀物盡量選擇輕鬆、**

有趣、具故事性的讀物，小孩才會覺得有吸引力。如果拿教科書或參考書「共讀」，孩子不僅覺得壓力大，也會有種「被監視」的感覺，毫無樂趣可言。

「親子共讀」不僅可以促進親子互動，也是一種以身作則的概念。如果家長回家都在看劇耍廢，卻要求小孩子念書，他們也會覺得不平衡——在學校、補習班辛苦了一整天，回家為何不能跟爸媽一樣徹底放鬆？

「親子共讀」是培養小孩閱讀習慣的關鍵，隨時都可開始，且越早越好。不需要花太多時間，也不需要設定時數，太嚴格反而會造成孩子的壓力，重點是培養這樣的習慣。一旦孩子養成每天撥出部分時間閱讀的習慣，當課業越來越繁重時，適應能力會較高，比較能定下心來坐在書桌前用功。

如果孩子已經長大了，家長也可以試著創造出一些閱讀的機會，例如假日時多帶小朋友去書店或圖書館，或參加一些文藝活動。如果整天待在家，小孩很容易想打電動或玩手機，家裡有這麼多 3C 產品，很難讓小孩拿起書本來看。如果連看課外書的習慣都沒有，就很難期待小孩會乖乖看更無聊的教科書了。

3-7

好書推薦

《刻意練習》

要如何學習新的事物或技巧呢？

大家可能有聽過「1 萬小時法則」，事實上這法則就是這本書的作者提出的，透過許多作家的提倡而廣為流傳。

要能夠精熟某項事物（例如學小提琴或踢足球），除了投入足夠的時間，還有一些原則必須把握，才能夠事半功倍。

作者提到很重要的一點 —— 必須將自己拉到舒

適圈外，感受到壓力，才能夠有進步的動力。但又不能拉得太遠，以免造成心靈崩潰，提前放棄。除此之外，還必須有良好的導師以及回饋系統，才能夠一天比一天進步，否則可能只會在原地踏步。

不管您是學生還是上班族，這本書都相當具有啟發性，對學習新事物相當有幫助，絕對終生受用。推薦給大家！

《學習如何學習：給青少年的大腦特訓課》

作者芭芭拉從小就討厭理科，數學常常不及格。但在成長過程中，她研究腦神經科學，試圖理解大腦運作的方式，並且透過親身實踐，最終成為美國奧克蘭大學工業系統與工程學的教授。

這本書提到一些讀書技巧，例如用近幾年很夯的「番茄鐘工作法」設定專注與休息的時間，提高做事效率，以及使用「記憶宮殿法」強化長期記憶。

除了深入淺出的文字，這本書還穿插豐富的漫畫和圖示，各章節還有「小測驗練習」等互動題目，相當用心，很適合國、高中想讓自己更上一層樓的同學們。

《學習的 26 種方法：啟發孩子更好懂的史丹佛基礎教育指南》

這本書是由史丹佛大學的教授們所撰寫，內容取材自史丹佛大學一門廣受歡迎的學習課程，出版後在美國及臺灣都廣受歡迎。

它的特點在於作者本身是學習理論的研究權威，且作者群試圖用通俗易懂的語言、生活例子及實證研究，深入淺出地介紹了 26 種學習策略，每個策略都從理論、運作模式、具體應用等角度詳細說明，學生及家長應該都能輕鬆吸收。

《世界名校高材生的會讀會玩學習法》

這本書是由馬汀・克倫格（Martin Krengel）博士撰寫，他在 5 個國家攻讀過 5 所名校，包括加州大學洛杉磯分校（UCLA）、倫敦政經學院（LSE）等，以優異成績取得經濟學與心理學博士學位。他靠著自己摸索，慢慢提高學習效率，把自己變成一位會讀又會玩的高材生。

克倫格博士在書中闡述了許多學習策略，包括

他自創的「10大學習步驟」,例如全觀圖、編碼、簡化、複習、檢討等,以及在考場中保持冷靜的技巧。他本身是研究「認知與思考過程」的學者,因此對這個領域有許多獨到的見解。

除此之外,他在 35 歲那年完成了人生夢想:用 375 天環遊世界。他強調做人要「會讀又會玩」,而不是死讀書。這本結合心理學、時間管理法和專注方法的書籍,值得大家參考。

第 4 章

學習效率
更上一層樓

4-1

感官學習法

　　前 3 章談了未來教育趨勢、時間管理、記憶術，以及閱讀和作文，我們再來看看還有哪些提升學習效率的方式。以下這些方法不見得適用每個人，但裡頭一定有一些會對你有幫助的方法，有機會可以多嘗試。

用全身去學習

　　學習這件事極耗腦力，每個人學習的效率也落差很大，除了天資差異，學習技巧才是關鍵。

「視覺、聽覺、語言、運動、冷熱、觸覺」這幾類感官知覺，動用的大腦區域都不太相同，就生理學與神經學而言，**如果我們能同時動用腦中越多的區域，就越有可能將新的東西產生連結記在腦海中**，提高學習效率，這也是「感官學習法」的核心概念。

舉例來說，背英文單字時，通常只是「瀏覽」，然後在心中默背。但會發現看過的單字一下就忘記了，很難留在腦中。

如果換個方式：除了「看」，還把單字「念」出來，然後在旁邊把它「寫」一遍，就會多用到更多大腦皮質，也更容易把新的單字學起來。久而久之，背單字的效率會差很多。

事實上，關於「記憶」的理論早已指出，**收錄材料的方式越精緻和多元，就越可能在不同作業情境下成功回憶**。如果只是反覆以「同樣的方式」閱讀材料，會比用一種以上的方式的學習效果來得差。

不只是學英文，學習任何科目都是一樣的道理。如果只單純用「看」的，很難在腦中留下深刻印象；如果同時用視覺（看）、聽覺（說）、觸覺（拿筆寫），記住的機率就高很多。兩個人即使花同樣時間念書，效率也可能差異很大，往往就是差在細節的部分。

4-2

不同性格、不同解決方案

很多家長都有同樣的疑問—— 要怎麼教小孩？每個小孩的解答都不盡相同，因為每個孩子都是獨一無二的。

要回答這樣的問題，就如同在前言提到的「精準教育」，**必須針對每個孩子的問題及性格不同設定解決方案**。每個小孩的人格特質都不相同，適合的教育方式也不同，不可能用同一種方式來教所有人。

這雖然複雜，卻是家長必須學習的地方—— 學校老師要帶 30 ～ 40 名學生，不可能滿足每個學生的需求；補習班老師就更不用說了，一班 100 ～ 200 名學

生，可能連學生叫什麼名字都記不起來。因此，家長必須根據孩子的特質給予適合的教育方式。

目前在心理學上比較廣為專家接受的性格分類方式是利用五大元素，又稱做「Big-5 model」或是「OCEAN model」：

❶ 經驗開放性（Openness to experience）：心胸寬大、大膽、勇於冒險、不喜歡熟悉或例行公事。

❷ 嚴謹性（Conscientiousness）：謹慎、小心、負責、有組織計畫、勤奮、成就取向。

❸ 外向性（Extraversion）：善交際、愛說話、活躍。

❹ 隨和性（Agreeableness）：禮貌、可彈性、和藹、合作、心胸寬大。

❺ 神經質（Neuroticism）：低自尊、容易緊張、缺乏安全感、不擅長控制自己情緒、較易感到憂鬱、挫折、罪惡感。

以下是針對不同性格小孩的建議：

❶ 經驗開放性

這類小孩比較難期待他會乖乖每天回家寫作業、念書，日復一日做同樣的事。可多搭配孩子喜愛的課外活動（球類、音樂、繪畫等），寒暑假則安排一些營隊，讓他恢復學習的動力。

❷ 嚴謹性

這類小孩則適合按部就班的讀書計畫,變動性太大的生活方式會讓他們覺得壓力很大。家長可以盡早與孩子討論未來的目標,例如有興趣的大學科系、領域,並諮詢學校導師或輔導老師,訂出一套詳細的戰略,讓孩子有安定感,有明確目標可遵循。

❸ 外向性

這群小孩通常人緣廣、社交能力不錯(如果情緒控制不太差),整天把他們關在家裡或補習班,容易導致他們心情低落。

跟經驗開放性的孩子一樣,建議在課業之外可多搭配課外活動或營隊活動。但需要注意的是這類孩子通常朋友多、社團活動也多,最好協助他們做好時間規畫,避免犧牲太多念書時間。

❹ 隨和性

這類孩子通常個性隨和、好相處,容易採納別人的意見。但相對地可能比較沒有自己的主見,導致做事缺乏積極度。

對於這群孩子,家長適合主動介入,隔段時間就關心一下孩子學習的近況。這群小孩的優點在於不容易叛逆,親子關係也不至於太差(至少不會水火不

容），可較為積極介入。如果家長都不給予建議或關心，這群孩子容易缺乏生活的方向感。

❺ 神經質

這類特質顯著的孩子容易緊張焦慮，對別人有防衛心，且缺乏自信。這類的小孩適合使用「正向教育」，適時給予鼓勵與獎賞，盡量避免責罵或施加壓力。

要注意的是，這類小孩本來已經很容易焦慮了，如果家長又使用高壓式或恐嚇式教育，例如你再考不好，我就把你趕出家門，在這類孩子身上容易有反效果，反而引起逃避、身心崩潰的後果，形成一個惡性循環。

以上是一些綜合建議，當然有些小孩可能同時有兩種以上的特質都很顯著，家長可以混合搭配不同的做法。當然不見得在每個小孩身上都有效，但至少在教養上可以有比較明確的策略。

要知道自己或孩子有哪幾種元素比較顯著，網路上有正式問卷（英文版），總共 300 題，相當鉅細靡遺，可提供客觀的參考依據。

IPIP-300 Personality Test
（英文版）

4-3

設定短期目標

　　要提升做事的動機，就一定要設定目標。然而，**如果只設定太長期的目標，反而達不到激勵的效果**。例如：「我想考上臺大」或「我想當有錢人」，講完突然覺得好虛無縹緲，根本不知從何著手。

　　相對地，**先設定短期、容易達到的目標，則容易讓自己更有動力**。例如：「今天晚上要把數學自修第 2 章第 1 節寫完」、「這個月要存 5000 元，然後開始定期定額買基金」等，這樣的目標不僅明確，而且短期內容易達成。

　　一旦達成目標就會產生成就感，進而提升念書或

工作動機，形成一個正向循環。達成短期目標時記得給自己一些獎勵，例如買杯咖啡、吃個美食，幫自己打打氣。

同時，我們也離「長期目標」更近了一步。要在一張長桌上畫出對角線並不容易，但如果把線段分割成一小段一小段的直線，那就容易許多。**只要沿著自己的短期目標前進，就不容易失去方向，總有一天我們會抵達遙遠的彼岸。**

「完成短期目標」是激發內在動力的重要方式，當我們長大後不再會有父母給我們棒棒糖吃，在學校或職場常常面臨的是極為殘酷的競爭。時間一久就容易失去自信，進而在現實中迷失自己。

「自我激勵」是在逆境中保持成長的關鍵，當我們在地圖上畫滿許多小線段，就能持續朝著目標前進，最後成功駛進夢想的港灣。

範例

我的短期目標	
今天	● 念完數學 2-3
一星期內	● 複習地理 3-4 章 ● 英文小考 80 分
一個月內	● 第二次段考進步到班上前 15 名 ● 報名校內物理科科展 ● 準備社團成果發表會

⚙ 練習看看

我的短期目標

今天

一星期內

一個月內

4-4

成長型思維

「成長型思維」是近年來越來越受到推崇的概念，它指的是「相信可藉著努力持續成長，不受個人天分拘束」。

與其相對的是「固定型思維」。「固定型思維」的人相信很多事情是天生的，由基因、遺傳等先天條件決定，一個人的智商、天分生下來早已固定，很難藉由後天改變。

這兩種截然不同的思維其實會造成不同的結果——結果顯示，**具「成長型思維」的人往往做事比較積極，且勇於做出改變**。

近來越來越多證據顯示，後天的努力可以改變很多東西。即使是先天智能障礙的小孩，透過積極的早期療育及社會福利系統介入，有些小孩的智力測驗分數甚至能提升到一般人水準。更別提像是學小提琴、繪畫等才藝，透過練習本來就能大幅進步。因此「成長型思維」的確有其道理。

「成長型思維」就像是一個開關，打開人生無限的可能性。雖然有些東西，例如身高、遺傳疾病等，幾乎是由先天決定，後天很難改變。像是身高不高卻想當職業籃球員，幾乎是難如登天。

但即使如此，美國職籃 NBA 也曾出現過身高不到 170 公分的球員，史上最矮小的球員泰隆·波古斯（Tyrone Bogues）身高甚至只有 5 英尺 3 英寸（160 公分）。美國職棒大聯盟（MLB）的明星球員荷西·奧圖維（Jose Altuve）身高也只有 168 公分，比其他棒球選手矮小許多。

由此可見，後天能改變的事情太多了，即使先天條件居於劣勢，還是有可能逆轉勝，前提是，你必須具有「成長型思維」。

4-5

拆解法

近年來大考文章有越來越長的**趨勢**，看完題目可能頭都昏了。考生必須要快速抓到重點，才能在有限時間內找出答案。要應對冗長的題目，**其中一項對策是使用「拆解法」。**

短期記憶一次可以保留多少訊息項目？60 年代時學者就已經指出，**一般而言，我們的記憶容量大約是 7±2 個項目。**這些項目可以是簡單的，像是數字，也可以是較複雜的，像是文字。

舉例來說，像是「101001000100001000100」這21 個數字，沒辦法一下就背起來。但如果將它分成

幾個單位，像是「10，100，1000，10000，1000 和 100」這 6 個項目，就可以輕易將這 21 個數字記起來，這就是拆解法的奧妙。

　　考試時一樣可以使用段落拆解法，在閱讀文章時將每段重點濃縮成 1、2 句話。一般來說，一篇閱讀測驗或題組大約可分成 3 ～ 5 段不等，每一段都有其主旨。雖然每段篇幅可能很長，但要表達的主旨其實可以用 1 ～ 2 句話概括。

　　以 110 年學測社會科 63-66 題組為例：

　　「許多國家可能基於某些理由查禁流行歌曲。以臺灣為例，1930 年代開始流行以福佬系民謠為創作題材，當時西門町與大稻埕有許多收費不低的音樂廳，傳唱這些歌謠。但部分歌謠後來遭政府以過於寫實、動搖民心為由，予以查禁。1950 年代左右，行政院依據《戒嚴法》訂定《臺灣省戒嚴期間新聞雜誌圖書管理辦法》，開始管制流行文化，主要由警備總司令部執行歌曲查禁。如披頭四樂團演唱之〈革命〉便因「內容欠妥，混淆視聽，危害社會治安」遭禁。至 1970 年代，查禁業務改由新聞局負責，據統計，當時約有六分之一的歌曲因未通過審查而禁唱。到了 1980 年代，絕大多數歌曲都通過審查，禁唱歌曲大

幅減少。面對審查制度，音樂人仍勇於透過流行樂曲批判現狀。曾有外國歌手唱道：「這是最好的年代，所以人民不需要自由」而遭到禁播。有樂評指出，該歌詞字面上說政府讓經濟成長率翻升，表示統治萬能，所以人民也就不需要自由，但實際是諷刺該政府，試圖以經濟成果遮掩其威權統治事實。像這類具批判性的樂曲，多非屬主流文化，常被忽視；但也有作品廣受歡迎，甚至在特定時期帶動反叛精神。」

這個題幹主要是在講流行歌曲被查禁的歷史。可以分為兩部分，第一個是臺灣各年代查禁的情況，第二個則是「面對審查制度，音樂人仍勇於透過流行樂曲批判現象」。

如果使用拆解法，可以解構成這樣（用一句話代表各段重點）：

❶ 臺灣各年代查禁的情況：

1930 年代：福佬系民謠。過於寫實、動搖民心。

1950 年代：流行文化（如披頭四的「革命」），警備總司令部執行戒嚴。

1970 年代：新聞局負責，六分之一歌曲禁唱。

1980 年代：禁唱歌曲大幅減少。

❷ 面對審查制度，音樂人仍勇於透過流行樂曲批

判現象，例如用歌詞反諷。

接著來看大考題目：

65. 某一時期，出現以流行音樂表達對現狀的不滿，甚至帶動一個充滿反抗、叛逆、迷惘的時代精神，促使社會上形成一股改變的風潮。下列何者最符合此種情形？

（A）1910 年代，運用民間歌謠批判通俗文化。

（B）1940 年代，以臺語歌謠抗議太平洋戰爭。

（C）1960 年代，以搖滾樂曲推動反越戰運動。

（D）1990 年代，運用國語歌曲表達反共立場。

如果有剛剛的整理，就可快速抓到重點：以流行音樂表達反抗、叛逆的精神，披頭四就是其中的代表。1930 年的福佬系民謠以寫實為特色，並未強調叛逆的時代精神。1990 年代的反共歌曲已顯老套，跟反抗、叛逆的精神完全沾不上邊，因此答案是 C。

如果按照這種方式拆解，把整篇文章的主旨就很明確，閱讀完馬上就可以抓到方向。**現代大考的題目就類似這題，它並非直接考題幹的內容，而是要你舉一反三。**如果沒有利用拆解法快速抓到重點，看到題目絕對是一臉茫然。有些題目雖然不容易馬上看出答

案，但只要按著「主旨」的方向走，基本上就八九不離十。

值得注意的是，中文跟英文的文章有點不同。**英文文章通常每段的重點會放在第一句話**，作者開宗明義表達他想說的話。

以 110 年學測英文科 45-48 題組為例：

"The concept of a travel document, which shows a person is under a ruler's protection while in a foreign land, has probably existed since rulers and states were first invented. But the earliest mention of an object which we might recognize as a passport appeared in about 450 B.C. The Hebrew Bible states that Nehemiah, an official serving King Artaxerxes of ancient Persia, asked permission to travel to Judah. The King agreed and gave Nehemiah a letter "to the governors of the province beyond the river," requesting safe passage for him as he travelled through their lands.

Later, in the medieval Islamic Caliphate, a form of passport was the bara'a, a receipt for taxes paid. Only people who paid their taxes were permitted to travel to different regions of the Caliphate. In medieval Europe, on the other hand, travel documents were issued by local authorities, and generally contained a list of towns and cities which the document holder was permitted to enter or pass through. On the whole, documents were not required for travel to seaports, which were considered open trading points, but documents were required to travel inland from seaports.

King Henry V of England is credited with having invented the first true passport, as a way of helping his subjects prove who they were in foreign lands. The earliest reference to these documents is found in a 15th-century Act of Parliament, while the term "passport" came into use about a century later. Nevertheless, passports were not generally required for international travel until the First World War. It was at this time that passports as we would recognize them today began to be used."

這篇閱讀測驗共分 3 段，每段的重點前 2 句就已經寫得很清楚。

第一段前 2 句告訴我們這篇主題是在講「travel document（旅行文件）」，而最早出現類似「護照」的概念是在西元前 450 年。

第二段前 2 句則說在稍後的中世紀伊斯蘭世界，

有繳稅的人才能旅行，第三段則說英國國王亨利五世是第一個真正發明護照的人，時間大概是在 15 世紀，而正式使用「護照」這個詞則是又一個世紀後。

　　我們來看題目：

　　45. How is the information in the passage organized?

　　（A）In order of time.（B）By cause and effect.

　　（C）In order of importance.

　　（D）By definition and illustration.

　　這篇文章的架構是怎麼組成的？

　　很明顯是按照時間：第一段西元前、第二段在中世紀，第三段則是 15-16 世紀。所以答案是 A。

　　另外一題：

　　47. When did the term "passport" start being used?

　　（A）In about 450 B.C.（B）During World War I.

　　（C）In the 16th century.

　　（D）During King Henry V's reign.

　　第三段提到 "the term"passport "came into use about a century later"，所以 15 世紀再 100 年後就是 16 世紀，答案是 C。

　　通常大家的英文閱讀速度都不快，面對這種冗長的閱讀測驗常常退避三舍，但掌握前兩句大概就可抓到重點！

　　除了解題，平常念書也能使用「拆解法」，例如背英文單字時就是很好的時機。

　　舉例來說，英文的「unsurprisingly」這個詞就可拆解成「Un」、「Surprise」、「ly」三個部分。「Un」代表否定、反面的意思、「Surprise」是「驚訝」，「ly」則是讓這個單字變成副詞，代表「地」。

　　這些加起來就是「不驚訝、不意外地」。類似的情況還有很多，除了「Un」之外，「In」、「Im」都有「否定」的意思。

　　如果能拆解英文單字，背起來就簡單許多，單字量會成長很快。

⚙ 練習看看

下列是 109 年學測社會科 67-69 的題組，題幹共有兩段資料，請你各用兩句話總結：

資料一：屏東種植紅豆的農民，過去為避免鳥害造成農損，會利用毒餌造成小型鳥類死亡，進而導致撿食的老鷹跟著中毒。近來因維護生態環境，農夫改變耕作方式，在播種期不毒鳥、採收時不用落葉劑，以新創農業的方式建立「老鷹紅豆」品牌以及產銷履歷。雖然生產紅豆的成本上升，但有效提升消費者對產品的評價，使市場銷售價格與數量都大幅提升。老鷹紅豆的契作地區主要在屏東東港和萬丹一帶。

資料二：萬丹聚落形成於明末，曾在清代民變中扮演重要角色，朱一貴事件時，粵籍義民即在「萬丹社」的上帝廟誓師起義。「社」在清代一般是指「熟番」村落，但並非自古如此。例如，鄭氏時期，主政者推行屯田，就曾用「社」作為屯墾村落之名；當時的軍備圖則分別以「番社」和「民社」來標示「番」、「漢」聚落。在清朝治臺初期的地圖中，即有「後勁社」、「左營社」等和「熟番」無關的村落名，「萬丹社」也是如此。

⚙ 參考範例

　　資料一：屏東農民不毒鳥、不用落葉劑，以新創農業的方式建立「老鷹紅豆」品牌，成功提升市場銷售價格與數量。

　　資料二：萬丹聚落形成於明末，曾在清代民變中扮演重要角色。「社」在清代一般是指「熟番」村落，但在鄭氏時期以及清代初期並非如此，「萬丹社」即為一例外。

　　大家有空可以再去看這個題組的題目，會發現使用拆解法後命中率很高，拆解出來的東西就是題目要考的核心概念。

4-6

Hands On 動手學習

　　學校課程有很多動手做的機會，不管是實驗課、社團活動，或音樂、體育課等，上臺操作的機會非常多。你都是第一個舉手那個？還是躲在角落、希望老師永遠不要叫到我那個呢？

　　事實上，「動手做」絕對會比在旁圍觀更能留下深刻印象。很多時候我們不敢嘗試，是因為害怕失敗、害怕在他人面前出糗。但事實上，光「願意嘗試」這點就贏過別人了，「事後諸葛」大家都會，但至少你有勇氣嘗試，這是其他旁觀的人沒有的。

　　為何「動手做」的效率比較高呢？除了之前提到

的「多感官學習」，實際操作的經驗也會深刻地留在腦海中（不管經驗是好是壞）。或許很快就忘記當時老師講的內容，但「動手做」當下的記憶會很深刻。

此外，自己親自做一遍，才會知道難處在哪。 當老師在課堂上講解實驗口沫橫飛，你在臺下覺得好像很容易，不就是那幾個步驟而已嗎？但自己做才發現結果怎麼跟預期的不一樣。

透過實際操作，我們才有機會省思有哪些環節出了錯，下次再做同樣的實驗，你就會比其他人厲害。「實作」也是 108 新課綱強調的環節，現今教育的宗旨是希望學生能夠學以致用，而非只會考試。在「個人申請」的甄試中，實作也常常是評分項目之一，並非學測考高或競賽成績優異就能無往不利。

所以，在課堂上如果有任何實作機會，千萬不要放過！

4-7

寫下焦慮，標註情緒

　　生活中總是有許多煩惱，不管是課業、工作或感情，往往充滿許多挑戰，情緒也就跟著上上下下，隨時處在焦慮狀態。要對抗這種焦慮，最好的方法就是「勇敢承認自己的情緒」。許多人借酒澆愁、或用其他方法暫時逃避。但當宿醉退去，煩惱依舊存在，「勇敢面對它」才是擊敗它的不二法門。

　　要怎麼做呢？其實很簡單，**在一張紙上寫下你擔心、憂慮的事、可能產生最糟的結果，以及它發生的機率**。寫完後常常會發現，就算是最壞的情況，好像也沒想像中那麼糟，更何況，它發生的機率往往不會

很高。

　　學生普遍最擔心的就是考試考爛了。小考跟段考考差了，其實不用太灰心，因為不久之後就有機會可以捲土重來。而且雖然在校成績也會被納入升學考量，但一、兩次段考對升學的影響可說微乎其微。

　　就算學測或指考考差了，大不了就重考，雖然煎熬，但辛苦 1 年可以換得往後幾十年的幸福，還是很划算。

　　事實上，大學前幾志願重考生的比例，可能遠遠超出大家想像。如果把全國那幾家有名的重考補習班榜單加一加，就可略知一二。

　　以臺大醫科為例，重考生的比例可以達到至少三分之一，應屆只占不到三分之二。很多人擔心重考是否會被貼上標籤，其實上大學後，根本沒有人管你是不是重考。大學不管是課業或交友圈幾乎都會重新洗牌，展開嶄新的生活。

　　把焦慮的事寫下來對紓壓很有幫助，**把煩惱具象化，就不會一直在心裡頭胡思亂想**。不只是課業，生活中的任何問題都可以用「寫下焦慮」、「標註情緒」的方式面對，包括感情、職場、社團、家人相處等等，**很多時候，我們最後會發現最終結果往往沒有那麼壞**。

⚙ 範例

我最擔心的事	
1. 第一次段考考不好	發生機率：中 後果：覺得挫折、拖累學期成績。
2. 社團成發不順利	發生機率：中 後果：覺得丟臉、沒面子。
3. 鋼琴檢定考沒過	發生機率：低 後果：覺得挫折、之後還要考一次覺得麻煩。

⚙ 練習看看

我最擔心的事

1. 　　　　　　　發生機率：
　　　　　　　　後果：

2. 　　　　　　　發生機率：
　　　　　　　　後果：

3. 　　　　　　　發生機率：
　　　　　　　　後果：

4-8

教學相長

　　要讓自己持續進步，一項好方法是與同學討論，藉著教別人的機會檢視自己學習的狀況。

　　有些人認為「自己念書都沒時間了，哪有時間教別人呢」？以前念書時，如果有同學問我問題，我反而很開心。一方面這代表同學對你有信心，覺得可以從你身上學到東西。另一方面，在教別人的過程中，常常可以發現自己不足的地方。

　　有些時候，自己讀起來覺得理所當然，但要解釋給別人聽就容易卡住。因為我們有時候只是硬背，卻沒有深思當中的道理，**這就是所謂的「門徒效**

應」──透過講授某一主題，提升自己對這個概念本身的理解程度。

另外，同一題也可能有不同解法，特別是數學、物理等理科，有時用不同方法也可以得到相同的答案。而同學的方法可能比你更快、更好，這對自己也會有收穫。

另一項重要的概念是「學習金字塔」，是由美國教育學者戴爾（Edger Dale）所提出。

學習金字塔

「學習金字塔」在探討各種學習方式的效率，其中光「聽課」大概只能吸收 5%、「小組討論」可以吸收 50%，**最有效率的學習方式則是「教別人」。**

這其實不難理解——想像一下，今天光只是在臺下聽課，可能聽一聽就開始分心，當天回家早就忘了今天上課的內容（還記得艾賓浩斯遺忘曲線嗎？）。

但如果今天老師上課前跟你說：「待會上完課，請你上臺教同學一遍。」你一定會腎上腺素大爆發。「聽」別人說道理容易，但要自己「說」出一番道理，那可就難了，何況被教的人可能會問各種問題。

因此，**有機會多跟同學討論，也不要吝於花時間教別人，這其實是最有效率的學習方式。**

4-9

螺旋式學習

　　這是紐西蘭教育部極力提倡的概念，也是教材設計的核心。因為要弄熟課程內容，光讀一遍是不夠的。

　　螺旋式學習的課程內容安排類似這樣：AB ＞ BC ＞ CD ＞ DE。課程前後內容會有部分重疊，因此學生得以複習前面的概念，吸收效率會比較好。畢竟大部分學生無法一次就理解所有觀念。

　　臺灣目前教材的缺點在於各章節連貫性低，且進度快。如果學生不懂前面教材的內容，其實沒有什麼機會可以補救，因為教材會一路往下教。特別是有時

後面的觀念需要用前面的教材當基礎，於是學生不懂的內容會一直累積，成績也越來越差。

　　但我們無法改變教材的編排，所以就要靠規畫複習進度，來製造這種「螺旋」。

　　例如今天複習第 3 章，可以連第 2 章後半一起念，或是把前面章節相關的概念一起複習。一次複習前後連貫的章節，由於概念比較接近，複習起來效率也會比較高。教科書章節的畫分有時候有些武斷，每個章節常常會用到前一章節的觀念。除非已經對前面內容很有把握，否則採用「螺旋式」的複習方式，效果會更好。

4-10

後設認知

後設認知（Metacognition）又稱作「認知的認知」，是由傅來福（J.H. Flavell）與布朗（A.L. Brown）等學者所提出。**指個人對自己的認知歷程掌握的一種知識，是一種理解個人解決問題的歷程**，其中包括注意力、知覺、記憶、檢索與推理歷程的覺察。這派學者主要在探討個人行為的覺察歷程，以及智力成分與後設認知的關係。

後設認知對改進學習方法與效率非常重要，因為如果能自我覺察，就能改善學習方式。這概念就有點像把自己的行為轉譯為一行行的電腦程式（code），

如果能直接修改程式，就可以改變這臺電腦（也就是我們自己）的運作方式。

對學生來說，比較重要的有兩個部分。

第一個部分是確認自己的「認知目標」。因為不同認知目標會影響後續的認知行動。例如在看愛情小說等課外書，跟看學測總複習的書，採取的認知行動截然不同：如果抱著「看課外書」的心態看教科書，會覺得極為困難並很快就放棄，或是看到不懂的地方也覺得無所謂而跳過。

「認知行動」指的是為達成認知目標所採取的各種行動，例如算術或畫課文重點等，**而「後設認知」則是用來監控認知行為執行的情形**，會影響當下正在進行的認知行動，例如你正在畫歷史課的重點，卻發現對很多歷史事件不太理解，進而去查參考書、網路，或借其他同學的筆記來看，這就是由後設認知經驗產生的後續認知行動。

第二個部分是透過後設認知達到「自我覺察」的效果。先想像你今天站在背後盯著你自己，並嘗試用以下三個步驟思考：

❶ 評估

對當前知識狀態進行評估，例如「我了解這篇文

章的主旨嗎？」、「這些英文單字我背熟了嗎？」。心理學家發現學齡前幼兒往往無法準確預測自己能力，但中學生應該具有基本的評估能力。

❷ 計畫

對可運用的資源進行評估，並選擇適當的策略。例如「數學用學校老師講義加一本參考書練習」、「英文要不要補習？」研究顯示幼兒通常只能用「試誤學習（try and error）」，試了某項發現行不通，然後再去試另外一項。中學生則有選擇策略的能力，適當策略可提高學習效率。

❸ 調整

針對過去的認知行動進行調整。例如歷史課本的內容念了一遍發現還是不太熟，小考還是考不好，那下一次小考改成念兩遍試看看。

「後設認知」是人的本能，只是大多數人並沒有意識到它的存在，也沒有認真看待它。例如某次考試考不好的學生，心裡隱約知道一些原因，例如書根本沒念完、寫題目太粗心等，但這些念頭僅僅一閃而過，因此這些「後設認知」雖然存在，但並未影響到後續的認知行動。

如果認真看待這些後設認知，花幾分鐘認真

思考，或把這些想法寫下來，後續的行動就會不一樣。方法就如同剛剛提到的，**先確認自己的「認知目標」**──例如「我現在要把這些單字背熟，如果沒背熟明天小考會考不好」，或是「目標是考醫學系→ 物理科要拿高分 → 今天晚上要認真念物理」。

再來是進行「自我覺察」，即「評估、計畫、調整」。例如「我現在把這些單字背熟了嗎？如果還沒，要不要再念一遍？」，或是「如果要考上醫學系，我的物理成績要多好？」、「我現在物理成績如何？如果不夠好，是不是要多練習一些題目？」等等。

這些後設認知會影響後續的認知行動，長遠來看會造成完全不一樣的結果。

4-11

提升效益，
儲備經驗值

 念書時可以聽音樂嗎？

這是很多人心中的疑問，有些專家學者認為無傷大雅，或甚至有幫助。但也有人認為不妥，因為容易影響專注力。**不過，這要端視聽什麼音樂，以及目前的精神、情緒狀況等。**

曾有一項研究將受試者關進一間「完全安靜」的隔音間，觀察接下來發生的事。要創造這樣的環境其實不容易，如果現在請你把眼睛閉上，仔細聆聽一下周遭的聲音，會發現充滿了各種環境噪音，例如馬路

上的車子、冷氣機、冰箱、同事交談，甚至紙張翻動的聲響，身邊的噪音遠比我們想像中多很多。

如果處在完全沒噪音的環境，應該專注力會超高吧？畢竟這樣就沒有聲音干擾了。

研究結果完全相反，那些受試者進去後不僅無法專注，還很快就昏昏欲睡。這其實也很合理，因為我們平常都處於睡眠不足的狀態，欠了許多「睡眠債」，一旦進到太安靜的環境，反而容易感到疲倦。

因此，**適當的音樂，特別是柔和、與大自然聲音相近（例如海浪聲、蟲鳴鳥叫、風聲）的，可以適度提升我們的感官刺激，保持專注力**。輕柔的音樂還有一項好處，就是可以放鬆心情、緩解焦慮。「壓力」與「焦慮」也是專注力的敵人，太過負面的情緒會讓我們難以集中精神。

但如果是搖滾樂等容易讓人情緒激昂的音樂，就會有反效果。念書需要保持在一種均衡的狀態，專注又心情平穩。若情緒太過激昂，會影響自己的思緒，反而會降低念書的效率。

因此，**如果你不需聽音樂也能專注，那就不用聽音樂。如果要聽，最好聽柔和一點的音樂。**

學才藝可提升學習經驗值

研究者發現，**「學才藝」本身就是一種鍛鍊學習能力的方式**，因為不管是學鋼琴、小提琴、足球、籃球、繪畫等才藝，本身都是「多模組學習」的型態。

舉例來說，學踢足球不僅需要用到視覺（看球、隊友位置），也需要用到聽覺、觸覺、本體感覺、模仿行為（例如教練示範的動作）等，球員會同時接受很多感官刺激，並學習如何協調這些刺激，將其內化成踢球的技巧，因此「踢足球」本身就是很好的學習經驗。

雖然踢足球跟學校課業看起來一點關係也沒有，但實際上都是一種「學習活動」，因此**學才藝本身某種程度會增加學習經驗，幫助提升學習技巧**。

從事這些學習活動，會比躺在沙發上一整天好上許多，這應該大家都同意。而學才藝除了鍛鍊學習能力之外，也對升學很有幫助，畢竟在甄選、面試時，「課外活動」也是重要的面向。

此外，學才藝通常是長期的過程，大部分都需要持續不斷的練習，如彈鋼琴、繪畫、芭蕾舞等，**這對小孩建立「固定練習」的習慣非常有幫助**。

　　等到孩子課業壓力越來越大，可以直接將練習才藝的時間撥去念書，較不會有過渡期的壓力。相對地，如果孩子已經習慣每天回家打電動、看電視，一下要他們建立固定念書的習慣，就會非常困難。

　　因此，透過學才藝來提升孩子的學習經驗，是一項非常好的策略。

第 5 章

大學升學考試
最新解析

5-1

目前臺灣升大學管道

　　前面章節整理了一些學習技巧，現在要來看看最新升學制度，以及一些應對策略。近幾年升大學不管是課綱、考試內容、升學管道都有很大變動，大家務必要特別注意這些細節，以免吃虧。

　　特別提醒大家先看看自己想申請的科系規定，因為各科系在採計科目、各科分數權重、甄選資料方面差異很大，一定要預先規畫，才不會等到要申請了才發現竟然沒考到採計科目的憾事。

　　目前升大學有以下幾個管道：

個人申請

此為以學測成績向各大學校系提出申請，每人最多可以申請 6 個校系。第一階段以學測分數、英文聽力測驗、術科考試等成績通過檢定、篩選者，可進入第二階段的「各校甄試」。

第二階段甄試內容可能包含書面資料審查（包括高中學習歷程檔案、自傳、課外活動、比賽經歷等）、筆試、面試或術科考試，依各校規定而異。

此外，有部分校系採計「術科考試」（音樂、體育、美術等）、「英語聽力測驗」或「大學程式設計先修檢測（APCS）」的成績。

其中英語聽力測驗有 2 次，成績可擇優採計。一些資訊相關科系在「個人申請入學」的第一階段也參採「APCS 大學程式設計先修檢測」成績。以 110 學年度為例，共 38 個校系（例如交通大學資工系、中央大學資工系、資管系等）提供 95 個名額給「APCS組」，考生可用 APCS 成績加上學測成績報名個人申請。

APCS 每年舉辦 3 次考試，分別在 1、6、10 月，建議欲申請資訊相關科系的高中生要參加這個測

驗。（詳情可參閱 APCS 官網）。

這 3 個考試（術科、英語聽力測驗、APCS）都不是必考科目，要看申請校系是否採計。所以在申請校系前，必須檢視清楚該校系採計

APCS 官網

的科目，以決定除了學測是否要報名其他考試。

「個人申請」名額有逐年增加的趨勢，且占了多數名額，因此大部分學生都會透過這個管道入學。

成功錄取的學生在 5 月就可以開始放鬆心情，6 月初考完畢業考後暑假就正式開始，這會是高中生涯最長、也最開心的暑假。但從學測考完後有將近 3 個月左右的時間，必須忙著準備各校面試及筆試。

繁星入學

跟「個人申請」不同，必須由「學校統一推薦」，不像個人申請想報名哪間學校都可以。要拿到學校的繁星推薦名額，主要是看「在校學業成績」，**想獲得繁星推薦資格，在校成績至少要在全校前 50%。**

教育部推行「繁星計畫」的目的，是希望做到「高中均質、區域均衡」之理念，避免過去大學前幾

⚙ 個人申請重要時程（以 110 學年度為例）

109/10/24	第一次英文聽力測驗
109/11	招生簡章公告
109/12/12	第二次英文聽力測驗
110/01/09	大學程式設計先修檢測
110/1/22-23	學科能力測驗（學測）
110/2/25	寄發學測成績通知單
110/3/22-3/24	個人申請報名（**以上為第一階段**）
110/3/31	公告第一階段篩選結果
110/4/14-5/02	各校指定項目甄試（筆試、面試）（**第二階段**）
110/5/10 之前	各大學公告錄取名單
110/5/13-5/14	錄取學生向甄選委員會登記就讀志願序
110/5/20	甄選委員會公告分發結果

志願都由明星高中壟斷的現象。藉由各高中向大學校系推薦符合資格的學生，提供各地區學生適性揚才之均等機會，希望落實「社區高中」的政策，讓鄉下或偏鄉的孩子不必遠赴市區就學。

綜合來說，「**繁星入學**」對偏遠學校、非明星高中的「**在校成績優良學生**」較有利，因為在排序上非

常看重「在校排名百分比」。在學測拿同樣的級分，非明星高中的學生會占更大優勢，如果你是這類學生，請千萬不要錯過這個管道。

以 110 年度的招生結果來說，臺大各科系最低錄取分數是四科 42 級分，來自某間非明星高中的學生。42 級分在明星高中可能比比皆是，但透過學校排名優勢加成，就足以讓你擊敗眾多明星高中學生，成功進入臺大。

然而，想要用學校排名優勢也不是這麼容易，因為每間學校對單一校系只能推薦 2 個名額。**根據 110 年度的招生資料，透過繁星進入臺大的學生，52% 是校排第一名，14% 是校排第二名。**

如果你是明星高中的前幾名，大概也不需要用到繁星，前幾名基本上都是滿級分，透過個人申請就可以有很高機會進入理想學校。

如果你是非明星高中的前幾名，那繁星就是展開逆襲的大好機會，有機會讓你擺脫學校師資、升學資源不足、同儕競爭強度低的劣勢，一舉揚眉吐氣。

⚙ 繁星入學重要時程（以 110 學年度為例）

109/11	招生簡章公告
110/1/22-23	學科能力測驗（學測）
110/2/25	寄發學測成績通知單
110/3/10-3/11	推薦學校向甄選委員會報名
110/3/17	**公告錄取名單（第一至第七類學群）**
110/4/14-5/02	各校指定項目甄試（第八類學群）
110/5/10 之前	**各大學公告錄取名單**（第八類學群）
110/5/12	甄選委員會公告錄取名單

　　如果成功經由「繁星入學」進入大學，那真的很開心！因為早在 3 月就可以確定未來大學去處，不用經歷第二階段各校筆試或面試的煎熬。

　　不過，**申請醫學系（第八類學群）的學生會比較辛苦一點（註：牙醫系自 109 年起也納入第八類學群），因為得參加第二階段的面試。**

　　須注意的是經由「繁星推薦」第一至第七類學群錄取的學生，一律不得再報名「個人申請」入學；通過「繁星推薦」入學第八類學群第一階段篩選之考生，不得再透過「個人申請」報名同一所大學之醫學系。

這是為了避免兩個入學管道名額重複。例如已經通過「繁星推薦」高醫醫學系第一階段，那就不能再拿學測成績經由「個人申請」管道報名高醫醫學系。

⚙️ 繁星入學八大學群

第一類學群	文、法、商、社會科學、教育、管理
第二類學群	理、工
第三類學群	醫藥衛生（不包含醫學系）、生命科學、農
第四類學群	音樂
第五類學群	美術
第六類學群	舞蹈
第七類學群	體育
第八類學群	醫學系、牙醫系

對於繁星制度，有一項爭論已久，在於很多透過繁星計畫錄取大學的學生學測分數都比較低，進入大學後在課業方面會不會適應困難？

答案是平均來說不會。根據臺大、清大、陽明交大、政大等校的資料，經由繁星計畫入學的學生，**大學課業綜合來說表現不是接近平均，就是優於個人申請、分發入學的學生**。以清大追蹤 10 年的數據來

說，繁星入學的學生課業表現不差，甚至優於個人申請的學生，而個人申請學生的表現又優於經由指考入學的學生。

這或許也印證了一件事——許多非明星高中的學生在大考之所以輸給明星高中學生，一部分是來自於結構因素，包括升學資源、資訊、學校師資、同儕競爭強度等。

如果把這些學生放在同樣的環境（例如同一所大學），學業表現並不會輸。這也間接代表繁星計畫的確有達到打破城鄉差距、彌補教育資源分布不均的功用。

而透過「個人申請」管道入學的學生表現又優於指考入學，這可能是因為「個人申請」的學生必須拿出備審資料來證明自己對該領域有興趣，因此多半是申請自己真的有興趣的科系。

相對地，透過指考入學的學生則有可能因為「考試分數夠高」就選填該科系，本身未必對那個科系有足夠的興趣或了解，入學後表現自然可能會受影響。

有份臺大做了很多年的問卷，裡面有一題是：「如果可以重來，你還會選擇現在就讀的科系嗎？」結果有 3 ～ 5 成的學生說不會，結果其實挺令人震

143

驚，也讓人覺得可惜。

分發入學

　　比較像傳統的聯考，基本上就看指考成績，考得夠高就錄取，考得不好就落榜。但不同於聯考的地方在於**「分發入學」除了看指考成績，也會用學測成績當門檻**，因為每個系能夠採計的科目有限，例如某些醫學系不採計國文成績，又不希望收到國文程度太差的學生，就會以「學測國文科成績須達均標以上」當作額外門檻。

　　此外，也要注意部分科系用「英語聽力測驗」當作其中一項門檻，如果目標科系有規定英聽，學測前要記得選考。

　　考完指考後，「大學考試入學分發委員會」會公布「考試組合成績人數累計表」，這是大家選填志願時相當重要的參考指標，透過它可以大致看出今年分數相較往年上升還是下降。

　　舉例來說，假設目標是醫學系，若今年題目特別「難」，那麼第三類組五科總和超過一定分數以上的人數就會「降低」。

⚙ 考試分發入學重要時程（以 110 學年度為例）

109/11	分發入學招生簡章公告
109/5/18-27	指定科目考試（指考）報名
110/7/01-03	指定科目考試（指考）
110/7/19	公布各校招生名額（含回流名額）、指考組合成績人數累計表
110/7/24-28	網路登記分發志願
110/8/06	放榜

　　假設去年 440 分可以錄取北醫醫學系，就可以預期今年 440 分不僅穩上北醫，還有機會錄取更前面的志願。

　　招生時程的部分，根據 2021 年 6 月底發布的「111 學年度大學考試及招生日程規畫草案」，**指考（分科測驗）將延至 7 月中考，因此考試分發入學放榜時間自 111 學年度起將從現在的 8 月初延至 8 月中。**

🧩 特殊選才

　　這是近幾年增加的入學管道，目的是為了讓具特殊專長的學生不會因為其他科目不好而落榜，以免人才被埋沒。

「特殊選才」近年來名額不斷增加，可看出是未來大學招生的趨勢。以 110 學年度來說，參與的學校由 109 年度的 47 校增加到 54 校，名額則從 1214 增加到 1453 個，其中大部分名額都是由國立大學提供。

「特殊選才」基本上由各校單獨招生，各校有自己的報名簡章，包括報名時間、審查方式、放榜時間等各校都不一樣。

時程約從前一年的 10 ～ 11 月報名，11 ～ 12 月進行書面資料審查、面試或筆試，12 月到隔年 1 月各校就會陸續放榜，**完全不需要學測或指考成績。**

如果你有某方面特殊事蹟或專長，建議先上網瀏覽各校簡章，或許能找到賞識你的伯樂，順利進入夢想學校。

如果經由這個管道錄取，等於在學測前就可確定大學的去處，可以搶在眾多同學前金榜題名。

希望入學

　　跟「特殊選才」一樣也是近幾年增加的入學管道。**是臺大特別提供的入學管道，目的是希望幫助更多「經濟或社會弱勢學生」進入全臺最高學府。**

　　以 108 學年度為例，名額由最初的 30 名增加為每年 40 名，109、110 學年度又增加為 50 名，預期未來幾年還會繼續增加。

　　「希望入學」是由每間高中推薦 2 名「弱勢向上」學生，透過「書面審查」進行篩選。審查資料包括高中歷年成績、校長及教師推薦函、符合弱勢家庭或特殊境遇家庭之證明等。

　　學業成績並非唯一考量因素，除了家境，學生是否具有利他、服務、關懷之人格特質，且在學習能力上具有潛能，也是「希望之學」審查時重要的考量。

　　時程部分，以 110 學年度為例，109 年 9 月公布招生簡章，109 年 11 月 11 至 23 日由各推薦學校提出報名資料，109 年 12 月 24 日就放榜。**跟特殊選才管道一樣，完全不需學測或指考成績。**

⚙ 大學入學管道總整理

管道	個人申請	繁星推薦	分發入學	特殊選才	希望入學
審查方式	第一階段 學測成績 第二階段 各校甄試	在校成績 學測分數 [a]	學測（門檻） 指考（主要）	依各校規定 [b]	書面審查 [b]
報名時間	3 月	3 月	5 月	前一年 10-11 月	前一年 11 月
放榜時間	5 月初	3 月中或 5 月初（第八類學群）	8 月初	1 月中之前	前一年 12 月底
適合的學生族群	1. 口才好 2. 課外表現優異 3. 想利用學測跨組的學生	偏遠地區／非明星高中「在校成績優異」學生	無特殊課外表現，但學業成績優異	特定領域表現傑出，但整體成績不突出者	清寒／弱勢家庭學生
名額 [c]	55541	16111	33521	1453	50

a 第八類學群（醫學系、牙醫系）須參加各校第二階段面試。
b 特殊選才與希望入學皆不須採計學測或指考成績。
c 110 學年度資料，「分發入學」為 109 年資料（含學測、繁星放棄錄取之回流名額）。

近年大學考招制度變革

項目	時程	主要內容
學測、指考制度改革	108 學年度	1. 學測由 5 科全考改為自由選考。 2. 大學各科系最多只能同時採計 4 科成績。
	111 學年度	1. 學測數學科分為「數學 A」與「數學 B」，總科目增加為 6 科。 2. 指考改名「分科測驗」，科目由 10 科縮減成 7 科，每科原始總分 100 分，再轉換為 60 級分。 3.「考試分發入學」將同時採計學測與指考（分科測驗）成績。
採計高中學習歷程	107 學年度	開放部分科系採計學習歷程。
	111 學年度	「申請入學」第二階段強制納入高中學習歷程。

5-2

認識新學測與指考（分科測驗）

　　大致了解升大學管道後，可以發現除了「特殊選才」與「希望入學」兩個名額很少的特殊管道，「大學入學學科能力測驗（學測）」與「大學入學指定科目考試（指考）」依然是一決勝負的關鍵。因此必須好好認識一下這兩個考試。其中，「指考」在 108 課綱上路後，將從 111 年起改名為「分科測驗」。

 ## 新型學測

　　「學測」全名為「大學入學學科能力測驗」，目的

是測試高中生的基本學科能力，題目難度一般認為較 7 月的指考低一些。111 學年度起由於考試制度 1 配合 108 新課綱有大幅變動，又將稱為「新型學測」。

學測重要性與日俱增，因為各大專院校把越來越多名額放在「申請入學」，因此學測成績往往是勝負關鍵。

往年學測是所有科目都要考，108 年度起學測由 5 科必考改為自由選考，考生可以自由選擇要考的科目，且大學各科系**最多只能同時採計學測 4 個科目**的成績。

也就是說，考生不需要 5 科全考，只要考國文、英文、數學，或是國文、英文、數學加上自然或社會二選一等 3 ～ 4 科就好，端看你的目標科系而定，比起原本的學測少了 1 ～ 2 科。

學測原本總共有 5 科，共分 6 節施測，分別是「國語文綜合能力測驗」、「國語文寫作能力測驗」（合算為國文科）、英文、數學、社會、自然，每科各 15 級分。**而自 111 年度起，考試總科目將從原本的 5 科增加至 6 科，分 7 節施測，數學拆成數學 A 與數學 B 兩科，**一樣採 15 級分等第制。

至於數學 A 跟數學 B 差在哪裡呢？ 108 課綱高

二（11年級）必修8學分的數學課程會根據難易程度分為「數學A」和「數學B」，前者較難，適合銜接大學「高數學需求」的學系，如理工、資訊、醫學、財經等；後者難度較低，用來銜接「低數學需求」的人文、社會、設計、藝術、商管等學系。

考生可自由選考「數學A」和「數學B」，有點類似以前指考「數學甲」與「數學乙」的概念。

數學A與數學B的課程內容差異，以三角函數圖形為例，數學A包含正弦、餘弦、正切三種函數圖形；數學B則僅包含正弦函數的圖形。

若以矩陣為例，數學A課程包含矩陣之加、減、乘與反方陣、平面上的線性變換、二階轉移方陣；數學B則教二元一次方程組的意涵、矩陣之加、減、乘與二階的反方陣，內容稍稍簡單一些。

一般認為，「數學A」會比過去的學測數學還要難些，基礎題比較少，以符合理工學系的招生需求；「數學B」則較之前學測數學簡單一些，著重閱讀理解、資料剖析等生活應用層面。

根據大學招生聯合會統計，111年「個人申請」入學管道2002個校系中，有635個採數學A、404個採數學B，擇一檢定的則有66個系組。此外，有

897 個系組不參採數學。

　　一般來說，理工、醫藥、資工等重視數學的科系多半採數學 A，而文、法、藝術等類的科系則採數學 B，至於資管、商管、財經、生農等科系則不一定，端視各校需求，或是乾脆將數學 A 跟數學 B 分組，各自分開招生。

　　除了數學科，其他科目內容與之前較類似。「國文科」分為「國語文綜合能力測驗」及「國語文寫作能力測驗」；「社會科」內容包含歷史、地理、公民與社會等科；「自然科」的內容則包含物理、化學、生物、地球科學等。社會與自然科都結合了高中好幾門的科目，考驗考生綜合運用這些學科內容的能力。

　　考試題型方面，大考中心表示 111 年「新學測」新增由選擇題和非選擇題組成的「混合題型」，混合題型的非選題包含簡答、計算或說明，也可能增加簡易作圖、表格填寫等。

　　現行學測採取分開的答案卡和答案卷，配合 111 學測新增混合題型，將改採卷卡合一 A3 答題卷，可同時作答選擇題和非選擇題。

　　測驗時間的部分，大考中心表示 111 年「新學測」各節次考試時間規畫上，「國語文綜合能力測驗」

與「國語文寫作測驗」為 90 分鐘，英文與數學 A、
數學 B 為 100 分鐘，社會與自然科作答時間則為 110
分鐘。

新型學測考試科目與內容（111 學年度開始實施）

科目	國文綜合測驗	國文寫作測驗	英文	數學 A	數學 B	自然	社會
作答時間	90 分鐘	90 分鐘	100 分鐘	100 分鐘		110 分鐘	110 分鐘
題型	單選、多選、混合題組（選擇＋非選）	非選二大題（皆為題組形式）	單選＋混合題組 1 題（占 10 分）、非選題 2 大題[a]	皆為單選、多選、選填題、混合題（同時包含選擇題、選填、與非選擇題的題型）		第壹部份為選擇題 36 題（包括單選與多選），第貳部分為混合題型 6 題組（含選擇題與非選擇題）[b]	第壹部分 35 題單選，第貳部分為混合題型 7 題＋非選題 3 題
總分	相加 15 級分（各占 50%）	15 級分	15 級分	15 級分	15 級分	15 級分	15 級分

a 英文科非選題兩題分別為中翻英與英文作文。
b 混合題型的非選擇題包括問答、繪圖、表格與計算等形式。

　　至於「級分」如何計算？其實有點複雜，並不是錯一題就扣 1 級分，而是以原始分數「最高 1%」的考生平均分數為基準分，再「均分為 15 等分」，每 1 等分就是 1 級分的間距。

　　所以級分是一個「相對」概念，如數學科某年考得比較簡單，要 90 分以上才有 15 級分；另一年考得比較難，可能只要 85 分以上就拿 15 級分。

　　國文科的部分比較複雜，必須先合併「國語文綜合能力測驗」及「國語文寫作能力測驗」的分數（各占總成績 50%），再換算為國文科「級分」，滿分一樣 15 級分。

　　以往學測國文科非選題有三大題，前兩題是簡答題，只有第三題是長篇作文。新的「國語文寫作能力測驗」則改為兩大題，但兩題都是長篇文章，形同要寫「兩篇作文」，因此對學生的國文作文能力的考驗一樣嚴峻。

　　111 學年新型學測除了既有的選擇題、選填題等，還增加雜揉選擇題與非選題的「混合題型」。大考中心在 2021 年 8 月公告各科混合與非選題配分比率，國文占 20％到 28％；英文未訂定比率，約 5％；數學為 15％到 20％；社會以 20％到 30％為原則，其

中非選題包括填充、問答、繪圖、製表等題目；自然科非選占 20％到 30％。

　　學測分數的作用是**當作「個人申請」與「繁星入學」的檢定門檻與篩選方式**，各大學校系會規定第一階段的「錄取名額」與「篩選倍率」，如臺大醫學系（自費生）往年都要滿級分才能進到第二階段的面試與筆試，如果沒考到滿級分，第一階段就會被刷下來。

　　學測分數的另一項重要性在於當作考試分發入學的門檻，如某些醫學系在考試分發入學雖然不採計指考國文分數，但會要求學測國文科要達到前標，否則指考總分再高也不會錄取。**至於 111 學年度後學測更形重要，因為指考（分科測驗）的國文、英文、數學乙三科將取消，直接由學測的分數取代，不像以前學測與指考分數完全互相獨立。**

指考（分科測驗）

　　全名是「大學入學指定科目考試」，也就是說每個科系都有自己「指定」的考試科目。以往指考科目共 10 科，包括國文、英文、數學甲、數學乙、物理、化

學、生物、歷史、地理、以及公民與社會。

考試時間一般都訂在 7 月 1 號到 3 號，也就是學生暑假剛開始時。一般而言，指考題目難度比學測高，與傳統聯考比較接近。

指考由民國 91 年開始舉行，用於取代傳統大專聯考，開辦以來制度沒什麼太大變化，直到 100 學年度開始取消指考選擇題的「倒扣機制」。另一項變革是 107 學年度開始，國文科題目改為全選擇題。

然而，「指考」也將走入歷史，自 111 學年度開始，因應「108 新課綱」第一屆學生即將畢業考大學，「指考」將改為「分科測驗」。

差別在於 111 年度起，考試科目從原本的 10 個科目縮減成 7 科（保留數學甲、物理、化學、生物、歷史、地理、公民），考試範圍則依據 108 學年度實施之「108 新課綱」命題。

至於國文、英文、數學乙這 3 科因為學測已考過，指考將不會再考，以減輕考生負擔。因應考科減少，考試天數可能從 3 天縮減為 2 天。

未來分科測驗可能跟學測一樣改成「級分制」，將總分 100 分再轉換為「60 級分」。

改成級分制的原因，大考中心是說因各科難度不

同，分數高低可能落差很大，使用百分制直接相加可能讓某些學生吃虧，尤其是許多科系都有特定科目加權的計分方式。使用換算過的級分，較能校正各科平均分數高低不一的情形，讓分數計算更公平。

但是，**「考試分發入學」將從原本「只採計指考成績」變成「同時採計學測成績加上指考成績」**，也就是說，學測成績會直接影響「考試分發入學」的結果，不像現在學測成績只當作分發入學的門檻（例如某些校系要求國文科要達到前標）而已。也就是說，如果學測國、英、數考差了，可能會連累「考試分發入學」的總成績。

至於這兩個考試的時程，根據 2021 年 3 月底發布的「111 學年度大學考試及招生日程規畫草案」，學測將從原本考 2 天變成考 3 天，指考（分科測驗）則剛好相反，考試時程從原本的 3 天縮減為 2 天。

至於考試日期，新型學測將提前約一星期左右，預計 1 月 21 至 23 日辦理，指考（分科測驗）於 2021 年 6 月宣布，111 學年度暫定於 7 月 11、12 日考試，而 112 學年度起則維持於 7 月初考。

⚙ 分科測驗考試科目與內容（111 學年度開始實施）

科目	數學甲	歷史	地理	公民與社會	物理
作答時間	暫定 80 分鐘				
題型	第壹部分為選擇題型，約占 76%；第貳部分為混合題型（含選擇與非選擇題）或非選擇題型，約占 24%	選擇題（含單選與多選）配分占 70%，非選擇題配分占 30%	選擇題型配分約占 70%-80%；非選擇題型配分約占 20%-30%	第壹部分為選擇題型，第貳部分為混合題型（含選擇題與非選擇題）或非選擇題型（非選擇題有問答、繪圖、摘要與說明等）；全卷選擇題型配分約占 70%-80%；非選擇題約占 20%-30%	第壹部分為選擇題型，約占 70%；第貳部分為混合題型（含選擇題與非選擇題）或非選擇題型（非選擇題有問答、繪圖、表格與計算等），約占 30%
總分	皆為 100 分				

科目	化學	生物
作答時間	暫定 80 分鐘	
題數	第壹部分為選擇題型，約占 70%；第貳部分為混合題型（含選擇與非選擇題）或非選擇題型（非選擇題有問答、繪圖、表格與計算等），約占 30%	第壹部分為選擇題型，約占 70-80%；第貳部分為混合題型（含選擇題與非選擇題）或非選擇題型（非選擇題有填充、簡答、圖表繪製等），約占 20-30%
總分	皆為 100 分	

新型學測與分科測驗比較

	新型學測	分科測驗
考試日期	1 月底，考 3 天	7 月初，考 2 天
考試科目	國文（包括國文寫作測驗）、英文、數學 A、數學 B、自然、社會等 6 科	數學甲、物理、化學、生物、歷史、地理、以及公民與社會等共 7 科
總分	每科 15 級分	每科滿分 100 分，再轉換為 60 級分
考試範圍	高一、高二為主	高一、高二、高三
試題難易	較簡單	較困難
報名人數	約 13 萬人	約 5 萬人
錄取名額	個人申請＋繁星入學 約 7 萬 -8 萬名不等	考試分發入學 約 2.5 萬名（不含回流名額）[a]

a 回流名額是指於個人申請與繁星入學管道中未使用之名額（例如已錄取學生放棄錄取資格等因素），在分發入學時會把這些未使用的名額加回去，因此分發入學的實際錄取名額會更多。每年的報名人數與錄取名額皆會有所變動，請參閱當年考試簡章以及相關公告。

5-3

制定升學目標與策略

　　如果能列出自己的目標跟策略，在整個中學生涯會比較有方向，不會漫無目的的準備。前面也有提到現今升學管道越來越多元，也越來越複雜，**因此若早一點進行戰略規畫，才能在升學競賽中占優勢。**

　　不同的升學管道適合不同的學生，像「個人申請」適合口才好、課外表現優異，或想利用學測跨組的學生；「繁星推薦」特別適合偏遠地區／非明星高中在校成績優異學生；「考試分發入學」適合學業成績優異，但課外表現不突出或不擅於面試的學生；「特殊選才」特定領域表現傑出，但整體成績不突出

者;「希望入學」則適合清寒／弱勢家庭,或有特殊境遇的學生。

　　當然如果有機會,每個管道都應該嘗試看看,但先了解自己的特質,就能找到最適合的管道,發揮最大的優勢。

⚙ 參考範例

目標規畫	
長期目標	●考上清大物理系
中期目標	●高三進入全校前 60 名 ●高二進入全校前 80 名 ●高一進入全校前 100 名
短期目標	●高一第一次段考進入班上前 10 名、全校前 150 名

⚙ 參考範例

升學策略	
我的個人特質	活潑外向、喜歡參與活動
背景條件	就讀明星高中、無特殊家庭境遇、非清寒家庭、無特殊優異表現（例如奧林匹亞、科展）
首選升學管道	個人申請
目標成績	學測四科 55 級分、指考（分科測驗）物理科 85 分以上
課外活動策略	1. 高二擔任社團幹部 2. 至少一學期擔任班級幹部 3. 報名校內物理科科展 4. 至少一項志工經驗 5. 參加至少一次大學物理營隊或相關活動

⚙ 練習看看

目標規畫
長期目標
中期目標
短期目標

升學策略
我的個人特質
背景條件
首選升學管道
目標成績
課外活動策略

5-4

108 新課綱

108 新課綱簡介

　　108 高中新課綱全名是「12 年國教課程綱要」，之前國中、小 9 年一貫的課程將變成 12 年一貫，目的是讓學生更有系統地學習。

　　108 課綱的精神在於強調「素養」而非「能力」，強調跨領域學習及自我學習的能力。

　　過去的課綱要培養的是「專精知識的人才」，108 課綱則是要培育「具有終身學習能力及公民素養的人才」。因此，108 課綱大量加入實作、跨領域、多

元、差異化、選修、課外活動等概念，課程內容與考招制度都有一些相應的改變。

除此之外，新課綱也要培養「公民素養」，因此針對時事及公共議題，例如全球暖化、能源危機、環境保護、空氣汙染等有更多著墨，以增加學生往後進入社會參與公共事務的能力。

新課綱實施後有什麼不一樣？

首先是學校課程的改變。以往學校課程都是學校幫你排好，學生只要選擇「自然組」還是「社會組」，大家都上一樣的課程、做一樣的事。然而，現在「部定必修」的課程學分大幅調降，「選修課程」大幅增加，約達總學分的三分之一。

除此之外，各校還要開設具各校特色的「校定必修」，每名學生要修 4 ～ 8 學分相關課程。

現在教育部與各高中努力開設各領域選修課程，讓學生能根據自己興趣及未來規畫，選擇自己想上的課。**整體來說，高中選課方式將越來越有彈性**。

以前我剛進大學準備選課時，就像劉佬佬進大觀園，對各種必修、選修、通識課程目不暇給，現在高

中生將會慢慢習慣這種自由的感覺。

　　除了選修課，大家的「校定必修」也不會一樣。「校定必修」是由各校根據「學校願景與特色」開設課程，例如新竹湖口高中就開設「生活英、日文會話」，讓學生用英文與日文幫國際交換學生、日本姊妹校及國外參訪人員導覽校園環境。可以想見，每間學校結合在地特色（或辦學特色），設計出來的課程都不盡相同，因此全臺高中生上的校定必修都不一樣，多元性會非常明顯。

　　此外，108 課綱也設有「彈性學習時間」，依學生個人需求與學校條件，安排學生進行自主學習、選手培訓、充實／補強性教學或學校特色活動等。

　　再來，是大學考招制度的變化。這部分前面章節已有提過，包括「學測」與「指考」等考試的科目與內容、甚至時程都有所變化，原則上是朝向盡量讓學生考少一點科目，並增加選考的彈性，不必像以前一樣幾乎所有科目都要考過一輪。

　　此外，強制納入高中學習歷程檔案也是 108 課綱的特色。高中學習歷程檔案強調在校表現以及課程學習的成果，平時就要分批上傳，避免讓學生在高三時才一次擠出作品。而運用全國統一的系統也有助增加

公平性，避免學校竄改成績等等的弊端產生。詳細內容下一章節會再介紹。

　　另一項變化是「在校表現」越來越被大學端重視。以前只要學測、指考考好，加上課外活動表現優良就能無往不利。**現在的趨勢則傾向看學生長期的努力，而非短期衝刺的成果。**除了修課成績，大學端還會看學生修了什麼課、是否展現出對特定領域的興趣。

　　整體來說，臺灣的升學制度與歐美大學選才方式將越來越接近，除了重視長期表現，也更重視學生的整體素養、跨領域能力、人格特質及自我學習的能力。

　　最後，考試強調情境、跨領域以及閱讀能力。大考將越來越多「情境題」與「跨領域題」，以確保學生能夠將課本上的知識運用於日常生活，這是現代公民重要的素養，也是 108 新課綱的精神。

　　「情境」呈現的方式也將越來越多元，不再限於「引經據典」或「對話情境」。有可能是拿 FB 的畫面、報紙、文宣當作出題內容，而非只是平鋪直敘的文字。

　　除了傳統考唐詩、宋詞，或臺灣地理等各科核心內容，未來考題會大幅增加一些跨領域題，例如「氣候變遷」、「科普現象」、「全球化」等與生活密切相關

的主題。

這些題目不一定侷限在特定科目，以「氣候變遷」來說，可能同時牽涉地球科學、地理、物理、化學，而其造成的後續影響可能又與公民與社會、歷史等科目相關，等於一次幾乎涵蓋所有科目。

這是未來出題的趨勢，這種題目實際上也比較有趣，畢竟與生活較有相關性，也較能應用在生活上，而非只淪於掉書袋或引經據典。

108 新課綱的主要影響

學校課程改變	1.「部定必修」課程學分調降、增加「校定必修」。 2.「選修」課程學分增加。 3. 課程彈性增加（如自主學習時間）。 4. 重視實驗課、實作課程。
大學考招制度變化	1. 學測與指考改為新型學測與分科測驗。 2. 強制納入「高中學習歷程檔案」。 3. 延後個人申請與繁星計畫的申請時程。
重視在校表現	1. 除了修課成績，也看選課內容。 2. 重視課程成果（例如實作、實驗、作品等）。 3. 重視學生對特定領域的興趣與自主性，而非只有成績。
考試型態變化	1. 增加「情境題」與「跨領域題」比例，考驗閱讀能力與知識整合能力。 2. 傾向考學生應用知識的能力，而非單考課本內容。

新課綱上路後的問題

大家一定很好奇，新課綱上路後，目前實施的狀況如何？

在 108 課綱實施滿 1 週年時，《聯合報》曾針對全臺 929 所國高中、1243 位民眾進行民調，結果 58% 民眾認為宣導不足，超過 60% 民眾沒聽過 108 課綱，與教改切身相關的家長雖都聽過，但有 70% 坦承不清楚新課綱實施理念與改變的內容。

學校的部分，76% 的高中表示新課綱實施後遭遇一些問題與困難，包括跨領域備課執行難度高，也有不少學校反映工作增加、師資不足。超過 60% 的學校對於素養教學一籌莫展，更有將近 7 成學校認為政府提供的配套措施嚴重不足，顯現新課綱上路後還需要一段時間磨合。

如果仔細探討，目前有一些問題尚待解決：

❶ 新課程開設問題

新課綱開設許多「校定必修」及選修課程，各高中的老師必須絞盡腦汁編纂新教材、設計新課程。

教育部立意雖然良善，執行上還是會碰到一些狀

況。例如當教師有人事異動，不管是調任其他學校或改變職務（例如兼任導師、行政職）等，都可能影響開課狀況。

再來是**老師開課前的訓練及準備**。由於新課綱上路迅速，大部分高中教師必須在有限時間內進行備課及設計教材，加上並非所有老師都有設計新課程的經驗，因此每門新課程剛開始時難免有些混亂，必須在第二年、第三年後慢慢進行調整。

高中教師也在努力累積開設新課程的經驗，即使教育部有種子教師等相關培訓，但畢竟這與過往高中教學方式有很大差異，因此勢必會有一段過渡期。

另外，108 新課綱開設的新課程大多屬於「跨領域教學」的課程，不像以往國文、英文、數學等科界線這麼清楚，考驗了各學科的老師們如何合作、共同教學。

最後是學校資源問題，特別是規模較小或是地處偏遠的學校。除了各領域老師人數少，每堂課的學生數也少，學校較缺乏經費來投資新課程。

以規模較大的都市高中來說，可能一次可以開設 20 ～ 30 門新課程，但偏鄉的小學校能開 2 ～ 3 堂可能就很屬害了，這也造成學生選課的限制。如果學校

開設的選修課太少，學生可能根本選不到自己有興趣的課程。

❷ 學生重考問題

　　過去臺灣每年學測都有將近 2 萬名學生為重考生，占了約七分之一的比例，相當驚人。但對民國 100 年畢業的這群學生來說是個特別大的挑戰，因為剛好面臨考試制度與內容的重大改變。

　　除了學測與指考從 2022 年起改為「新型學測」與「分科測驗」，考試教材也不一樣（99 課綱 vs. 108 課綱），這一屆重考生還會有缺乏「高中學習歷程檔案」的問題，在個人申請時恐怕會吃虧。

　　這些不利因素，導致 2021 年畢業這屆學生（99 課綱最後一屆）重考的難度大增。

　　但相對來說，108 課綱首屆學生（2022 年畢業這屆）就少了重考生的競爭，更容易考上心目中的志願。特別是重考生經過多 1 年的準備後，通常成績都會較前 1 年進步，本來競爭力就不差。以三類組第一志願的臺大醫科為例，重考生占錄取名額的比例有時可以高達三分之一到四分之一，相當驚人。

　　因此，108 課綱首屆學生雖然得面臨新課綱的衝

擊，但至少有一些升學上的優勢。

❸ 社會升學價值觀依然沒變

　　教育部雖然努力與學校師生溝通，在家長方面卻力有未逮。畢竟了解 108 課綱需要家長的積極參與，而非單靠學校單方面的宣導。

　　前面提到的《聯合報》民調就顯示，有 7 成家長不清楚新課綱實施的理念與改變內容，**在社會「升學至上」價值觀沒改變、家長又不了解新課綱的情況下，產生的後果就是家長的恐慌心態。**

　　如果想讓小孩考上好學校，又不知道怎麼做，接下來會做什麼？就是讓小孩去補習。

　　其實不只 108 課綱，往年每當新課綱或新升學制度實施時總是引起一陣混亂，例如當初中小學實施「9 年一貫」課程就引起家長恐慌，或 100 學年度只舉辦過一屆的「北北基聯測」，當年還造成考生高分低就、錄取分數大降的亂象。

　　這些情況造成家長對補習班的依賴，根據教育部的統計，全臺在 1990 年只有 372 家補習班，2000 年時有 2824 家，但到 2018 年已經成長為 17073 家，30 年間補習班數量變成 46 倍！數字非常驚人。

　　而根據黃昆輝教授教育基金會發表的教育價值觀調查結果，高達 53% 民眾認為「為讓孩子讀好學校，補習是重要的」，比率和 108 新課綱上路前相比提高了 8％，是該問卷所有題目裡差異最多的選項。顯示 108 新課綱實施後，家長對補習班的依賴又進一步加重，**可預期補習班的數量之後可能會繼續增加**。

　　根據 2020 年兒福聯盟「臺灣學生睡眠及使用提神飲料調查報告」，臺灣學生的平均睡眠時間只有 6.9 小時，比最短建議睡眠時間少了 1.1 小時，顯示大多數學生睡眠不足情形嚴重，而這與放學後還要花整個晚上去補習班上課息息相關。

　　這與教育部推行教改的初衷相反，當初強調素養教育、跨領域、與高中學習歷程，就是要擺脫傳統「填鴨式」的教育，補習班強調的背誦口訣、解題技巧等理論上未來將越來越不重要。然而，由於學生與家長們的恐慌，不知道要如何應對新課綱，導致每次教改時補習班數量都暴增，這是相當可惜的。

108 新課綱的應對方法

　　學生或家長要如何應對 108 新課綱可能產生的影

響呢？以下是一些給大家的建議：

❶ 維持穩定校內成績

由於「高中學習歷程檔案」強制納入評比，加上原本就施行的繁星計畫（看校內排名），因此「校內學業表現」對升學影響越來越大。**新課綱上路後，等於進高中的第一天，升學競賽就已經開始。**

清大校務研究中心主任林世昌曾表示：「從高一到高三，學生成績成長率越高，在清大的學業表現也會越高。如果我們只光看學測這種單一次的考試的話，對學業的影響並不是非常的大。」

由此可見，大學端也越來越重視在校成績的重要性。以往總是有一些學生靠著高三最後的衝刺拿下好成績，然而現在在申請入學時，可能就會被教授質疑在校成績的部分。

但也不需太過緊張，並不用每次小考或報告都拿第一名，只要維持穩定的學業表現即可。重要的是不能偏廢某些科目，即使是才藝學科（如美術、家政、生活科技、體育）也要保持一定的表現。有些明星高中的學生智育接近滿分，美術、體育卻擺爛被當掉，以前是沒什麼關係，但改成高中學習歷程檔案後，這

種表現就可能被審查教授質疑。

此外學業成績最好能盡量維持穩定，避免大起大落，特別是你想申請科系的相關領域。例如你的志願是化學系，但怎麼看都覺得你在學校其他科的表現比較好，化學成績反而相對比較差或起伏很大，這樣面試時就比較難自圓其說。

除此之外，高中學習歷程檔案還要上傳「課程學習成果」，**才藝學科若有優異作品，也可以替自己的履歷加分**，不要錯過這個機會。

❷ 盡早探索興趣

雖然在國、高中時期，大家可能還不知道未來想從事什麼職業、或念什麼科系，但至少可以觀察到一些傾向，例如比較喜歡文科、理科，或有打球、跳舞、集郵、畫畫等不同嗜好。

108 課綱上路後，多了許多選修課程，選擇自己有興趣的課程不僅比較開心，同時也可為大學鋪路。特別是那些與目標科系相關的課程，除了上起課較有興趣，也能證明自己對這個領域的長期興趣，同時增加相關知識，減少銜接大學的困難。

大學教授越來越在意學生申請的動機，**學生若**

是對某一領域長期表現出興趣，不僅上大學後表現較佳，未來也較有可能成為該領域的佼佼者。因此大學希望錄取對該領域真的有興趣、而非臨時起意的學生。

我有一位朋友就是很好的例子。他發現自己對語言（英文、西班牙文）很有興趣，且頗有天分，就決定以外文系為升學目標。他參加許多文學活動，在學校也盡量選修語文課程，又得過一些語文競賽獎項，申請條件很好，即使學測成績沒有很高，還是順利錄取自己的第一志願。

如果真的不知道自己興趣在哪，或在選擇選修課時有困難，可諮詢各學校的「課程諮詢教師」或輔導老師。通常輔導室會提供生涯輔導、興趣性向測驗與諮詢等服務，並定期舉辦職涯講座、大學校系認識講座，這些對尋找自己的興趣都很有幫助。'

❸ 重視課外活動與實作

108 課綱實施後，大學對高中生課外活動參與的重視有增無減。從國一或高一開始，應該多參加課外活動或競賽，例如科學營、文學營、各種才藝比賽或講座也好，都能夠豐富經歷。大部分活動都辦得不

錯，可以從中學到很多東西。

假日有空建議多參加相關活動，不但可拓展生活圈，也有助於發掘自己的興趣，豐富課外活動經歷。也很鼓勵大家去當志工，除了可以幫助別人，也能讓甄選條件大大加分。如同前面所提，108 課綱要培養具有人文素養、關懷社會的人才，而非與世隔離的考試機器。

觀察歐美名校的錄取生，幾乎每個人都有豐富的志工經驗。雖然這有點流於刻意，但做志工不管對自己或社會都是一件好事，最好還是要有相關經驗。

至於中學生科展與專題研究、小論文等，也非常鼓勵大家參與。這些活動等於是將學業的題目實際操作、鑽研一遍，如果與未來申請的大學領域相關又更加分。關於中學生科展與專題研究的部分後面章節會再介紹。

大家也不用太擔心成果不夠好，光參與本身就是很大的加分。清大招生辦公室王潔主任曾在媒體訪問中表示：「探究與實作成果，不一定是要成功的，他也可以是一個失敗的。只要學生能夠告訴我們，他在過程中得到了什麼。」

這段話有其道理，對大學教授來說，本來就不會

預期高中生做出什麼很艱深的東西，畢竟大家學的知識還很淺薄。重點是展現出個人對該領域的興趣，才是大學端重視的地方。

至於參加課外活動的順序，如果時間有限，建議以校內活動及學術相關活動為優先，再搭配一些志工活動。

也鼓勵家長及早協助孩子找到興趣，或至少先朝一個方向努力，這些課外活動經驗並非一蹴可幾，學生究竟是對某個領域長期有興趣，或只是靠考前衝刺，大學端其實看得一清二楚。整體來說，越早開始布局就越占優勢。

❹ 加強閱讀能力

「閱讀素養」也是 108 新課綱強調的一項重點。因為「閱讀」是吸收知識重要的管道，不管是教科書、課外讀物、論文，甚至是生活中看新聞、簽合約、產品使用說明書等，都牽涉到閱讀能力。

學生必須先有基本閱讀能力，才有辦法吸收新知識。如果沒辦法靜下心來閱讀，或缺乏基本閱讀能力，很難期待上大學後會有好表現。

考試也一樣，以往聯考時代題目往往只有 1、2

行，進入多元入學時代後，題目長度已經逐漸增加。特別是 108 課綱強調學生的整合能力而非背誦，可預期將來大考題目一定會越來越長。

　　未來的**趨勢**包括增加題組、閱讀題、實作題的比例，或利用一些實例、故事來包裝要考的東西，題目長度一定會再增加，同時也考驗閱讀理解能力。**如果閱讀能力不好，不僅拖慢答題速度，也較難抓到題目重點，考試會非常吃虧。**

　　要避免這點，平時應該要廣泛閱讀，不管是紙本、手機、平板都好。事實上，人類吸收知識主要就是靠閱讀（視覺），課堂上看黑板、寫筆記本身也是一種閱讀。培養優異的閱讀速度，不僅考試有優勢，在職場、日常生活都可以增加效率，終生受用。

　　要增加閱讀速度並不困難。不一定要看文學經典，其他課外書一樣有效果。也不一定要看紙本書，電子書也可以。至於玩電動遊戲、看動漫等以「圖像刺激」為主的活動，對閱讀速度就沒有太大幫助。

　　假日有空時鼓勵大家去書店逛逛，挑一些自己喜歡的書籍回家看，久而久之，閱讀速度就會越來越快。如果您的孩子還小，請參考前面的「親子共讀」章節，從小培養孩子的閱讀能力，打下好基礎。

❺ 重視實驗課

在課程內容部分，新課綱除了增加選修課及校定必修，還強調實作、應用，特別是實驗課、實習課等課程。

以往實驗課占大考比例很低，因為國、高中實驗課數量有限，考來考去就那些，出題空間有限。但現在大考出題委員越來越用心，他們會用相同的「核心概念」設計出另一套實驗。

大考題目看起來會是完全沒做過的實驗，但實際上是考同樣的觀念。以指考來說，除了最後一部分的實驗題，這類題目還可能以「選擇題」形式出現在前面的部分，因此實驗題實際上占的比例絕對會更高。

要對付這種題目，必須對實驗課內容夠了解，上實驗課時一定要按照課本步驟親自操作一遍，動手做的印象會比念書來得深刻（還記得第 4 章「Hands on 動手學習」嗎？），有時候根本已經忘記書中的內容或步驟，但做實驗時的場景、氣味、顏色卻還深深烙印在腦海中，這時寫題目就會有優勢。

以「108 年指考生物科」實驗題第二題（選擇題第 45 題）為例：

45. 當利用光學顯微鏡觀察未經染色的動物細胞時，下列操作方式與觀察結論何者正確？

（A）將採樣的動物細胞直接塗抹在玻片，以風乾固定方式保持細胞型態。

（B）用滅過菌的清水覆蓋採樣細胞，保持細胞的含水量。

（C）任何細胞都可以觀察到細胞核。

（D）即使利用高倍物鏡，仍無法觀察到核糖體。

這就是很典型的實驗題，考的是很基本的「細胞觀察」實驗。如果有認真操作過一遍，應該不難回答。

不管用低倍還是高倍物鏡，都無法觀察到核糖體。如果看得到，應該腦海中會有一些印象（事實上，核糖體要用電子顯微鏡才看得到），因此答案是（D）。

⑥ 強調理解而非背誦

考試趨勢方面，新課綱強調「整合能力」，要將知識運用於生活中，必須先理解課程內容才有辦法靈活運用，單靠硬背很難應付變換過的題目。

　　怎麼知道自己還沒理解內容呢？其實很簡單，**課本內容看過去不知道什麼意思，或老師講解時聽不懂，就代表還沒掌握內容。**這時「多看多問」就對了，當下無法理解的內容要把它弄懂，才有辦法將其運用於情境中，有時同學或老師換個說法，就會有「恍然大悟」的感覺。

　　如果心中有疑惑卻沒發問，就只能靠硬背吸收，這樣一旦時間久遠就容易忘記，也無法應付大考靈活的題目。

　　有時學校段考會考非常瑣碎或記憶性的東西（例如默寫、默背詩詞、公式等），這些在大考其實不重要，現在考試很多時候甚至連公式都直接附給你。

　　出題教授怕的不是學生「不會背」，而是「不知道怎麼用」。因此同學在念書時必須要有「這個公式怎麼用？哪時候要用？」的概念，而非把時間心力花在把公式「背」起來。

❼ 專注在自己有興趣的領域上

　　這點與剛剛提到的「儘早探索興趣」有關。**現今大學端注重的是學生是否對某一領域有長期的興趣，而非只是因為「成績夠高」就選擇該科系。**

　　對於學生與家長來說，從修課紀錄（特別是選修課）、社團、課外活動、學術競賽等最好能專注在某些領域上，如此較能說服大學教授，在個人申請或是繁星入學申請脫穎而出。

　　如果學校沒有該領域的校定必修或選修課怎麼辦？剛剛提到許多學校由於缺乏經費、師資等關係，能開設的新課程有限，這樣的情況很難避免。

　　這時也不必太過驚慌。**只要在面試或書面備審資料中陳述相關原因即可**，例如你想申請物理系，但學校在校定必修與選修課皆無開設相關課程，大學端方面其實也可以理解高中辦學的困難之處，並不會因此而扣分。

　　但學生在其他方面（例如學術競賽、課外活動、科展）依然要積極參與物理或科學相關的活動，以展現出長期的興趣。

❽ 整合偏鄉資源與聯合開課

　　剛剛提到規模大及處於都會區的學校，由於師資多、預算多、學生多，能夠開設的選修課以及校定必修課也越多。課程越多，學生的選擇就十分豐富，不僅可以選擇自己有興趣的課程，而且也較不會有課程

滿額的問題。

相對地，偏鄉或是規模小的學校，能夠開設新課程的能力有限，這又進一步擴大了城鄉差距。要解決這個問題，主要得靠教育部與各主管機關。

除了挹注偏鄉資源，可行的方式包括利用網路開設遠距課程，以及聯合多校聯合開課。例如今天想要開設一堂跨領域課程，需要國文、英文、歷史、地理科的老師，但 A 校可用的師資剩國文、歷史科，就可聯合 B 校的英文、地理科老師開課。

這樣的一個好處在於可確保修課學生數量不會太少，偏鄉或規模小的學校本來學生就少，在學生可自由選課的情況下，某些開設的新課程可能根本沒幾個人修，多校聯合修課可望改善這樣的現象。

還有一項解決方法是「外聘師資」，延攬校外專業人才至校內授課，這也是一項好方法。特別是學校師資都是以國、英、數、物理、化學、生物、公民等科目畫分，如果要開設跨領域或是其他領域的選修課，例如與在地文化或非學校科目相關的選修課，學校老師可能缺乏相關的訓練。由校外專業人士負責授課，不失為一項好選擇。

⚙ 108 新課綱的應對方法

維持穩定校內成績	學業成績盡量維持穩定，避免大起大落，特別是欲申請科系的相關科目。注重高中學習歷程檔案的「課程學習成果」。
儘早探索興趣	大學越來越注重學生申請的動機，學生若是對某一領域長期表現出興趣，上大學後表現較佳。
重視課外活動	多參加課外活動、競賽，不但可拓展生活圈，也有助於發掘自己的興趣，另外志工經驗也不可或缺。不一定要有了不起的成果，光「參與」本身就是加分。
加強閱讀能力	108 課綱重視閱讀能力，必須先有基本閱讀能力，才有辦法吸收新的知識。閱讀能力不好不僅拖慢答題速度，也較難抓到題目重點，考試非常吃虧。平時應廣泛閱讀。
重視實驗課	大考實驗題比例增加，且會變換形式。必須對實驗課的內容夠了解，平時上實驗課時一定要按照課本步驟親自操作一遍。
強調理解而非背誦	「多看多問」，當下無法理解的內容要把它弄懂，才有辦法運用於情境中。不要只靠「硬背」吸收，這樣無法應付大考靈活的題目。
專注在自己有興趣的領域上	越早布局越好，包括修課紀錄（特別是選修課）、社團、課外活動、學術競賽等最好能專注在某些領域上，如此較能說服大學教授，脫穎而出。若無則最好在面試或書面資料中陳述相關原因。
整合偏鄉資源與聯合開課	利用網路開設遠距課程，或聯合多校聯合開課。外聘師資，延攬校外專業人才至校內授課。

5-5

書面備審資料

自 111 學年度開始，教育部規定大學校系在「申請入學」第二階段強制納入高中學習歷程，占分比例各校系可自行調整，但高中學習歷程加上「各校自辦筆試或面試」，占第二階段甄試總成績「至少 50%」。

也就是說，「高中學習歷程」占甄試總成績大概不會低於 25%，甚至可能遠高於此。

「高中學習歷程」採計高中全部 6 個學期的修課紀錄，以及學生各項課堂、課外表現。學期成績由學校統一匯入「全國系統」，而且不侷限「國、英、數、物、化、生」等主科，連美術、體育、家政等科

目及其他選修科目都會一起匯入。

　　考完學測後，接著透過「個人申請」報名大學科系，在通過第一關學測級分篩選後，接下來會進入各校的「第二階段甄試」。如果是報名「繁星計畫」的「第八類學群」（醫學系、牙醫系），一樣也需要第二階段的面試。

　　甄試一般可分為兩大部分，即「書面備審資料」及「面試」（有些學校會加考筆試）。

⚙ 書面備審資料

項目	內容	備註
高中成績證明	高中修課紀錄、學分、成績、排名百分比。	由各高中教務處上傳。
自傳	成長背景、個性與興趣、申請動機，以及學業成果／課外表現。	大部分科系會有字數、格式限制。
自我陳述／讀書計畫	申請動機、大學 4 年規畫、畢業後希望從事的工作。	
多元表現	參加之校內外活動、擔任班級或社團幹部、志工服務、各種比賽之成果。	部分科系會要求證照、英文能力檢定等。
個人作品	如美術、音樂作品。	視科系性質而定。
其他項目	依大學各科系要求而定。	如師長推薦函。

備審資料的準備重點：

自傳

這是較多人苦惱的部分，畢竟大家可能在申請大學時才寫人生第一份自傳，常常不知從何下筆。

不過不需要太緊張，寫自傳還是有一些原則可循，只要掌握這些架構，寫出來的品質就不會太差。

一般來說，自傳架構可分為：**成長背景、個性與興趣、申請動機，及學業成果／課外表現。**

❶ 成長背景

這段用意是讓教授簡單認識你，不需要講得太詳細，大概帶過就好。例如：「我生長於一個管教嚴格的家庭，父親是軍人，母親是中學教師」。千萬不要把祖宗 18 代都寫進來，不僅浪費篇幅，也會消耗教授的耐心。評審教授對學生家庭背景基本上不會有太多興趣，只要大概了解就好。

如果有特殊經歷，可以利用這段凸顯出來。例如你來自中低收入家庭、隔代教養、家庭遭逢巨變等，弱勢的成長環境可以替你爭取同情分數，因為教育條

件可能比別人差，起跑點不公平。**但千萬不要為了爭取同情而捏造事實**。

❷ 個性與興趣

這段要突顯個人特色，盡量將自己勾勒成目標科系喜歡的對象，這可能有些虛假，但也很現實。

首先是「個性」：你是個怎麼樣的人呢？活潑好動、熱情陽光、多愁善感？這沒有所謂的標準答案，因為每個人個性本來就不同。但**要注意，描述的人格特質最好不要與目標科系特質相差太多**。

每個科系都有自己的屬性，有的特色比較鮮明，例如醫學系、社工系等需要常常與人群接觸的科系，個性最好是「喜歡與別人互動、溝通」，不要太沉默寡言或冷漠。

如果不喜歡與人群接觸能不能當醫生？當然可以。像病理科、影像醫學科、核子醫學科等科別都不需要直接面對病人，也可專做醫學研究，即使個性內向，還是可以過得很自在。但醫學系傳統上不喜歡收這類學生，因為大多數科別還是要常面對病人，個性太內向，進臨床後容易適應困難。

而個人興趣與專長，又分為學業相關及生活方

面。

學業上最好能帶出與申請科系的關聯性,例如申請生命科學系或醫療相關科系,對「生物」有興趣會有加分效果;申請機械系,大部分應該對機械、零件有一些興趣,否則不會想申請。

生活方面的興趣要著重展現「均衡發展」,沒有什麼侷限,但建議至少要有一項興趣,以免會有書呆子的感覺。需要注意的是,看書、看電影、追劇這些興趣太廣泛、平凡,並不適合特別列出來。

❸ 申請動機

這部分是自傳的重點,尤其如果該科系沒有要求繳交「自我陳述」或「讀書計畫」的話,一定要在自傳中帶出申請動機。順序放在「學業成果／課外表現」之前或之後都可以,只要看起來通順就好。

申請動機不一定要很酷炫,不是每個人都有精采的故事,動機只要「合情合理」就可以。**如果能把一些「點」串成「線」,就可以讓動機看起來更有說服力**。例如小時候喜歡玩機器人等玩具,國中參加機械展或機器人展覺得眼界大開,高中時參加某大學機械系辦的「機械營」,因此確立了要報考機械系的志向。

　　要如何進一步加強動機的合理性？這就關係到「學業成果／課外表現」了。

❹ 學業成果／課外表現

　　這部分可以大肆宣揚豐功偉業，但一定要有重點與主題，並不是把所有獎項都放上去。太久遠或太瑣碎的成果就不要放，否則容易失焦。

　　這部分的內容有兩層意義。首先是**透過申請科系相關領域的優異表現，說服教授你是該科系的適合人選，並進一步合理化動機。**

　　延續前一段機械系的例子，例如在某個「機器人競賽」中組隊並贏得獎項，或是在某大專機械營中表現優異獲頒獎狀，這些都能證明你不只是很有興趣，而且有能力鑽研這領域。

　　對大學教授來說，他們想收兩種學生：有興趣及有能力的學生。**如果兩項兼備，那雀屏中選的機率就大增。**

　　這段的第二層意義則是展現出你是個興趣廣泛、能文能武，並具有關懷精神的青年才俊。近年來全世界教育的趨勢都是培養具有人文素養的全方位人才，而非只會考試拿高分。因此，有念書以外的興趣非常

重要。

最理想的狀況是長期經營某項興趣，並且有優異表現。例如在全國小提琴比賽中獲獎，或在全國中學運動會某個項目得名。**沒有相關得獎紀錄也沒關係，至少要表現出參與感**，例如參與一些藝文活動、講座甚至營隊也好，用行動證明自己的興趣。

此外，「志工經驗」幾乎是不可或缺的。當志工不僅是課外活動，更是展現同理心、幫助他人的表現，被視為中學生必備的經驗與素養之一。

仔細看美國各頂尖大學新生的條件，會發現只有考試成績高（ACT ／ SAT）是不夠的，每名學生都有其他方面的傑出表現，例如音樂、美術、體育、舞蹈、繪畫或電腦工程方面。志工經驗也是必備，有些學生在家庭支持下甚至能主辦一些募款、志工活動，甚至創立 NGO 組織。我們不需要做到這種程度，但有一些志工或慈善活動的經驗，絕對有益無害。

有些學校要求自傳最後一段寫「對大學 4 年的規畫」，建議可以先上網查閱該科系的核心課程（大部分都會公布在學校網頁），看看哪些自己比較有興趣，稍微著墨一番，讓教授知道你有先做功課。再加上社團、課外活動，或參加交換學生、出國留學等計

畫，就構成了完整的未來規畫。

這部分請詳見後面「讀書計畫」的段落。

⚙ 自傳架構

項目	內容
成長背景	家庭環境、大致求學歷程。
個性／興趣	讓教授大致認識你，例如個性、有哪些興趣嗜好， 順便替「申請動機」埋下伏筆。
申請動機	描述成長歷程為何會想要申請這個科系，有哪些關鍵因素或事件。
學業成果／課外表現	這段是支持為何你適合就讀這個科系，有興趣當然很好，但有相關優異表現更能說服教授。

以上是自傳大致架構與內容，還有幾個大家常犯的錯誤需要注意：

❶ 注意校系規定

很多大學科系會有自傳相關規定，因此第一個原則就是「先查閱校系規定」，有些科系規定字數、格式，有些則是限定自傳內容。例如字數限制 1000 字，你卻寫了 2000 字，一開始就會被扣分。或者科

系都已經提供寫作指引了，卻未按照指示內容回答。

例如逢甲大學「國際經營與貿易學系」就列出審查重點：

個人資料表

個人背景、興趣、專長

申請動機

特殊經歷或表現

對國貿系的了解

除此之外，該系還列出「自傳寫作指引」：

一、請說明妳／你的哪些人格特質適合就讀國貿系，或妳／你目前做了哪些就讀國貿系的準備？

二、妳／你為何選擇國貿系？請具體說明為什麼想要申請本系？（因為什麼背景、或事件等）

三、妳／你認為國貿系與商學院或管理學院其他科系的差別為何？

四、妳／你畢業後希望能具備哪些能力？

五、妳／你在高中期間是否已有設定未來的目標？要如何準備以達成所設定的目標？

像這樣的規定就很明確，只要按照學校的指引回答即可，架構很好掌握。如果有其他想補充的內容，可以在回答完科系的問題後再行補充。

❷ 抓大放小，切中要點

自傳猶如一張名片，目的是幫助評審教授在最短時間內認識你，所以最好能在有限篇幅大致勾勒出你的學業表現、興趣、個性、經歷等各方面。想像一下今天你是評審教授、只有 30 秒去讀一篇自傳，你會想看到什麼內容？

大家最常犯的錯就是寫流水帳。例如要表達為申請數學系做了什麼準備，可以列出參加了哪些數學競賽、做了什麼研究（例如科展），以及得到什麼成果。不需要描寫太多不必要的細節，例如參加某次比賽時跟誰搭配、過程中發生了什麼事、有什麼小插曲等。

除非這個細節是比賽勝負關鍵，或影響你人生方向的重要事件，例如參加某次科學營時與大師對談，受到啟發讓你下定決心要往物理界發展。

如果在 30 秒內無法讓教授勾勒出你的面貌（包括興趣、個性、表現），或看不出來你為何想念這個科系，這就是一篇失敗的自傳。

❸ 語意明確、積極，內容重於文藻

自傳的目的是讓教授覺得「這學生很適合念我

們科系」，不是作文比賽，言之有物才是重點。除非是申請中文系，否則不需要把字句寫得多華美，只要寫得通順，語氣最好顯得積極、主動，且忌諱語意不明，避免使用「可能」、「或許」等不確定的詞彙。

以「大學未來規畫」為例，例如「我預計大一專注在修課上，建立良好基礎。大二開始進實驗室跟教授做專題研究，目標是在大學畢業前能在國際期刊上發表論文」。而非「我可能會在大二或大三時進實驗室做專題，或許能在大學畢業前在國際期刊上發表論文」。

教授想看到的是有一個有企圖心、執行力的準大學生，而非一位對自己前途一片茫茫，不知道自己想做什麼的少男／少女。

❹ 誠實是最高原則

不管自傳寫得好不好、過去表現優不優秀，都千萬不能竄改事實。學術界最注重誠信，只要被抓到有造假嫌疑，肯定馬上出局，還會留下不良紀錄。

這不僅是在大學面試才如此，在國際學術界只要公開發表的論文有一絲絲造假，學術生涯就毀了。所以客觀的事實不能隨意更改，**參加過的比賽、各項經**

歷、學業成績、家庭背景等客觀、可供查證的事實，
都不能造假。如果比賽得第 3 名就是第 3 名，沒得名
就是沒得名，不要竄改名次。

千萬不要抱著僥倖心態，覺得「教授應該不會
發現吧」。因為面試官有很高機率會針對自傳內容提
問，尤其是一些特殊事蹟或優異表現。一但被質問，
很容易被揭穿。

唯一能夠小小不誠實的地方就是「動機」。大家
念某些科系的原因不外乎「因為熱門」、「以後能賺
錢」、「因為爸媽叫我念」、「分數考夠高就來申請看
看」等，這些你知我知大家都知，但就是不能說得這
麼白。

還好動機是主觀想法，別人不能說你錯，只要理
由別互相矛盾就好。 例如你說想念醫學系的原因是
「喜歡跟人接觸」、「擅長與人溝通」，結果自傳又寫自
己「個性沉默寡言」，那就自打嘴巴了。

❺ 自傳的進階技巧

掌握以上原則，自傳的架構就大致完成了，以下
是一些讓自傳更漂亮的技巧：

首先是「善用標題」。前面提到自傳的四大架

構，在每個段落前可以加上一些標題，讓教授更易閱讀，例如「**參與志工活動 體悟貧童悲痛**」、「**參與機器人競賽 發掘人生志趣**」，讓教授在一開始就了解該段重點，不僅讓文章更鏗鏘有力，也讓面試官更容易吸收內容。

其次是「**圖像化**」。俗話說得好，一圖二表三文字，比起密密麻麻的文字，圖表讀起來總是較賞心悅目。因此可將一些文字內容圖像化，或是做個統整，在視覺上有加分效果。可放上比賽領獎、當志工等比較重要的照片，至於玩樂相關的照片就比較不適合。

例如將自己高中參加的課外活動與優良事蹟統整成表格：

年級	參與活動	優良事蹟
高一	淨灘志工	
高二	外文營	營隊英文即席演講第 1 名
	生物奧林匹亞競賽	進入複選
	僑光盃英文演講比賽	第 3 名
高三	中區科展	佳作
	旺宏科學獎	佳作

實例分享

　　以下是我高三時準備推甄醫學系，還有後來申請住院醫師所寫的自傳部分內容：

　　（→開頭先破題，說出自己的目標）

　　我是曾文哲，目前就讀國立臺中一中三年級，現在的我對於即將到來的大學生涯感到相當期待，能夠學習醫學知識並用以服務民眾是我的理想！

自由成長環境 追隨姊姊腳步（→每段可加標題，更易閱讀）

　　我從小生長在公教家庭，父親是公務員，母親是國中教師，姊姊目前在臺大醫院擔任住院醫師。父母並沒有要求我們要從事什麼行業，跟姊姊一樣想選擇學醫這條路，是因為喜歡與人互動，很享受幫助別人的感覺。

課外活動 陶冶身心（→除了課業，其他興趣或經歷可替自己加分）

　　除了課業，我也對音樂及運動方面頗有興趣，平常會勤練薩克斯風，也參加學校的網球隊，那些與同

伴全國各處征戰的情景，至今仍是美好回憶。

擔任急診志工 面對生死離別（→要有一段文字明確帶出申請動機，且邏輯要通順，不可太牽強）

高二升高三的暑假我報名署立臺中醫院的急診室志工，看到了與平日學校截然不同的場景。每次上工都覺得熱血沸騰，卻也感到焦慮不已。在急診室工作的二個月目睹許多生死離別、人情冷暖，也看到急診醫師的豪情壯志，激發我許多對於人生的省思。急診室的志工經驗讓我對「醫學」這條路更為堅定，期許自己將來能運用專業知識幫助受苦受難的民眾們。

❷ 自我陳述／讀書計畫

除了自傳，部分大學科系會要求學生繳交這個項目，大家可能對這份文件可能又更陌生了。事實上，歐美大學相當重視學生的自我陳述或讀書計畫。

自傳著重介紹「個人背景以及過去經歷」，自我陳述／讀書計畫則更著重於「申請動機」及「未來規畫」。

「自我陳述」是從英文翻譯過來，原文是「Statement of Purpose（SOP）」，翻成中文字面上不是那麼直觀，但看英文應該就很容易理解這份文件的目

的。大學要你撰寫這份文件的目的在於知道申請動機、學生過去做了哪些準備、未來有什麼規畫？為何要錄取你而非其他學生？

　　如果科系對這兩份文件的格式有要求，當然就以學校的規定為主；如果沒有，就可依自己的架構來寫。

自我陳述的架構

一、申請動機	1. 例如受到某堂課或某事件啟發。動機相當主觀，沒有對錯，但若能用客觀事實佐證更有說服力。 2. 動機一定要出自於「興趣」，而非現實利益考量，若寫「這領域大學畢業好找工作」、「將來可以賺很多錢」，反而會讓教授留下不好印象。
二、準備過程	例如高中修過哪些課程（特別是該領域相關的選修課程）、參加過哪些比賽，展現自己長期的努力。
三、討論自己的優缺點	1. 例如物理方面表現很優異，參加某比賽得獎、參加過相關活動（例如科學營隊），因此是物理系新生的理想人選。 2. 可以提出自己的缺點或失敗經驗，並討論未來改進的方法。
四、未來計畫與展望	1. 上大學後想修什麼課、參加哪些活動，或進實驗室希望做什麼研究主題。 2. 這部分是關鍵，可看出申請人對這個科系了解多深入。 3. 提出的計畫越具體越好，不能只寫空泛的口號，容易被看破手腳。

　　如果科系要求繳交「讀書計畫」，那「未來規畫」的部分要比「自我陳述」更詳細。一般來說，同一個科系只會要求交「自我陳述」或「讀書計畫」兩者之一，不會兩個都要。

　　但大部分學生會同時申請多個科系，有的科系要求前者，有的則是後者，因此很有可能這兩份文件都會用到。

讀書計畫架構	
一、大學四年課程規畫	1. 先上學校網站看一下大學課程，包括系上必修、選修跟通識學分等，大致掌握課程內容。 2. 注意學分上限，不要講得太天花亂墜，每堂課都想修。 3. 除了修課，也可加上考取專業證照、外語測驗、做研究、專題等規畫。
二、學校資源	1. 簡單說明如何運用學校資源，例如臺大圖書館會定期開設英文學術論文寫作課程、臺大計資中心有開設網頁模版製作與管理課程等。 2. 這部分可以展現你對這所學校的了解，好消息是大部分資訊學校網站都查得到。
三、大學社團及課外活動規畫	1. 上了大學當然不能只念書或做研究，課外活動也是重點。 2. 展現自己的興趣即可，這部分沒有對錯，但太玩樂性質的不須特別寫出來（夜唱、夜衝、夜遊等）。

四、大學畢業後規畫	1. 因為距離畢業還很遙遠（都還沒入學呢），所以這部分只要講個概念就好。 2. 常見範例包括繼續攻讀研究所（如果對學術研究有興趣的話）、進業界工作（與該科系相關的職業）、赴國外留學等。 3. 這部分可以看出你對該科系職涯發展的了解，最好先查一下資料，不要亂寫。

❸ 多元表現

　　這也是「備審資料」的重點項目，可放上自己擔任班級、校級、社團幹部證明、參加各種比賽的獎狀，以及擔任志工與參加課外活動的證明。最好按領域分門別類，看起來比較整齊。

　　前面在「自傳」或「自我陳述」的地方也會提到課外活動，但前面篇幅有限，只能提到跟申請動機有關的優異表現，這邊則比較詳細一些。

　　如果有跟申請科系不同領域的優異表現，記得也要放上來。例如你申請物理系，但曾在高中全國繪畫比賽得名，這樣能證明你是個通才、興趣廣泛，具有人文藝術涵養，會有加分效果。

❹ 個人作品

　　依各科系規定而定。如果是藝術類科系，通常會要求附上個人作品。申請非藝術類科系一樣可以附上，原因同前。

❺ 其他指定項目（如師長推薦函）

　　「師長推薦函」對臺灣學生來說比較陌生，過去很少大學會要求這份文件，但這在歐美大學入學申請卻非常常見。

　　「自傳」或「自我陳述」是從「自己」的角度描述自己，推薦函則是「別人」描述你，有人願意為你背書，學校印象分數自然高很多。

　　大家碰到的第一個問題就是——要找誰寫呢？

　　推薦人的首要條件是對你夠熟悉，因為推薦人與你越熟，內容可以寫得越具體，可信度才高。例如「小明是一名積極的學生，熱心公眾事務」這種非常綜合性的形容，就遠不如「小明做事相當積極，且熱心公眾事務。印象深刻的是有次舉辦校園園遊會，每個班級要負責兩個攤位，小明自願擔任活動總召，協調同學分工，最後活動相當成功」的寫法。

　　因此，**第一個理想人選是班級導師**，畢竟導師跟

學生的互動比較頻繁、相處時間長，對學生的個人特色會比較了解。

其次，可以找申請科系相關領域的老師，以證明你在該領域的表現。例如申請化學系，化學老師在推薦函中可以敘述你在化學方面有什麼傑出表現，像是修課成績優異、課堂表現積極、參與科展表現優異等。當然前提是你要在該領域表現不錯，否則老師就算想幫你美言，可能也想不到內容好寫。

推薦人不一定非得找學校老師，也可以找參加課外活動認識的師長、甚至參與志工活動的長輩。不過心裡要知道這名推薦人可以幫你突顯哪些優點，例如科學營的老師可以證明你在營隊表現優異，有科學方面的天分；志工活動的老師則可以幫你美言「樂於助人」的情懷。

基本上學校都會規定推薦函要寫幾封，注意推薦函數量並非越多越好，重點是要言之有物。若內容空泛、看起來像罐頭信（內容也可以套用在別的學生上），則完全沒有加分效果。

另外，**請預留一些時間給老師準備。**這是很基本的禮節，但還是有很多人忽略。老師們平常要上課、備課、改考卷、出題，而且大家都擠在差不多的時間

申請，老師很可能會忙不過來。

　　建議至少在高三寒假前就向老師提出寫推薦函的需求，至少老師可以利用寒假的休息時間撰寫。

高中學習歷程檔案

　　「學習歷程檔案」相當於現行個人申請第二階段的「備審資料」，是 108 課綱的重點改革項目。

　　111 學年度起，教育部將**強制各大學在「個人申請」納入學習歷程檔案作為評分項目，且須占一定比例的分數**。也就是說，未來「高中學習歷程檔案」將取代現行的「備審資料」。

　　「高中學習歷程檔案」包含學生基本資料、修課紀錄、自傳、課程學習成果、多元表現、大專院校要求之其他資料。

　　在「多元表現」部分，內容涵蓋各種校內外活動、志工服務、競賽成果、幹部經歷、檢定證照等，每學年最多可上傳 10 件。班級幹部、校級幹部、學校社團幹部等證明則由學校統一上傳，不在這 10 件的範圍內。

　　提出申請入學時，每學系至多參採「課程學習成

果」3 件、「多元表現」10 項，以及字數上限 800 字、圖片上限 3 張之綜合心得一份。

　　學生可自主檢視、選擇檔案並匯出送交志願科系審查，自己可挑選不同檔案給不同屬性的科系，使用上相當方便。

高中學習歷程參考項目		
項目	內容	備註
基本資料	學生基本資料（如年齡、性別等）。	由學校統一上傳教育部檔案庫。
修課紀錄	在學校修過的課程內容、課程學分數、修課成績等。	
自傳	可含自我陳述（SOP）、學習計畫等。	
課程學習成果	例如美術作品、學習報告、小論文等等跟課程相關之成果。	大學科系採計上限為 3 份成果。
多元表現	參加之校內外活動、擔任班級或社團幹部、志工服務、各種比賽之成果等。	大學科系採計上限為 10 項。
其他資料	依大學各科系要求而定。	

高中學習歷程 vs. 書面備審資料		
差異點	學習歷程	備審資料
修課紀錄	由教育部資料庫統一提供給各大學	自行向各高中申請
製作時間	每學期上傳課程學習成果（如實作作品、書面報告等），須授課教師認證	申請大學前自行製作，時間較趕
格式	較統一	每間大學可能差異很大
多元表現	採計上限為 10 項	依每個科系而定（有的無限制）
防弊機制	有	無

　　「高中學習歷程」由於採用教育部中央資料庫，因此設有防弊機制——首先是提供「內文抄襲比對功能」，防止學生共用作品或惡意抄襲他人。其次，學校必須於每學期或每學年上傳教育部規定的資料，防止高三下準備申請時不當回溯修改資料。此外，資料庫也對學生作品、幹部證書等設有檢核機制，防止學校濫發幹部證書，或讓「並列第一名」人數過多等情形發生。

　　綜合來說，「高中學習歷程」在設計上是較公平的評比方式，有助於讓偏鄉清寒學生避免因資訊不對

稱、資源缺乏等因素，在「備審資料」上吃虧。

　　「108課綱」與「高中學習歷程」的實施也讓學校必須參與學生的申請準備，包括學生修課資料與成績上傳、決定校定必修與選修課內容、協助學生上傳課程學習成果等，雖然會增加學校老師的負擔，但能讓學生準備更充分。

　　至於補習班部分，由於「補習」向來是針對解題、課程內容、背誦口訣等「硬知識」加強，「108課綱」上路後將加強題目靈活度與跨科整合能力，減少背誦需求、強調實作與課外活動，加上「高中學習歷程」的認證都是由學校老師執行，因此可預期補習班影響力將不如從前，這也是教育部削減補習班影響力的一項重要策略。

5-6

中學科展與專題研究

　　前面提到大學越來越重視學生是否真的有「熱情、興趣」，而非只是因為「成績夠高」而申請，因此若能有相關「研究」或是「科展」的經歷，在甄選時絕對有加分的效果。

　　這章節要來談談現在大學端越來越重視的「科展」以及「專題研究」的部分，這二項在甄選中有機會獲得大學教授的大加分。**而且不僅是針對大學申請，這些經歷對往後大學、研究所生涯都可能有幫助。**

　　我在美國哈佛大學念書時，一位臺灣的學妹從高

中開始就做研究，到大學畢業時已經累積許多經驗以及成果，哈佛大學不僅錄取她，甚至還給她兩份獎學金，到國外念書不用付學費還可以存錢，令人稱羨。

　　然而，**做研究跟念書是截然不同的經驗**，中學生在開始做科展或是專題研究時，往往不清楚跟平常念書有什麼差別，家長對這二項重要的學術活動往往也缺乏認識，因此這一節就來為大家解釋一些重要觀念。

中學科展簡介

　　中學科展的全名是「全國中小學科學展覽會」，自民國 49 年就開始舉辦，歷史悠久。參展作品先經各級地方展覽後（例如中區科展），選拔出優秀作品，再薦送至全國參展。舉辦時間為每年七月，由各縣市輪流主辦。最近幾年每年科展的各級學校作品已超過 1 萬 5,000 餘件，參與相關研究的師生更高達 10 萬人，參與相當踴躍。

　　以高中組來說，競賽科別共分 12 種，包括數學科、物理與天文學科、化學科、地球與行星科學科、動物與醫學學科、植物學科、農業與食品學科、工程

學科（一）（含電子、電機、機械）、工程學科（二）（含材料、能源、化工、土木）、電腦與資訊學科、環境學科、行為與社會科學科等，逐年擴增，範圍越來越廣。

專題研究簡介

「專題研究」的範圍又更廣，科展本身是一項競賽，專題研究則是指學生「用科學研究的方法探討一項題目」。

專題研究可以單純作為興趣，也可以當作學習成果，變成「高中學習歷程」的一部分，也可以拿來參加中學科展。

要用科學方法來探討一個問題其實沒那麼簡單。從如何形成問題意識、了解質性與量化研究、執行研究計畫，到寫作及成果發表，都需要經過一套科學化的方式來驗證，而非依賴個人喜好。

例如探討：「重訓後喝豆漿是否可以增加重訓的效果？」這題目看似簡單，很多重訓愛好者或健身教練都講得頭頭是道，但要驗證就沒那麼簡單。

首先，要先定義何謂「重訓效果」？是肌肉量、

爆發力，還是耐力？再來是「目標族群」，全部都要找年輕人？還是中年人、老年人都找一些？如果都找年輕人，那實驗結果在老年人身上會不會不適用？

再來是「研究的設計」，例如是不是要有對照組比較理想？如果只做實驗組，然後發現大家平均肌肉量增加許多，搞不好都是重訓本身的效果，有沒有喝豆漿根本就沒差？因此應該要至少有一組對照組是重訓結束不喝豆漿的。除此之外，如果喝 1 杯豆漿有用，那喝 2 杯豆漿效果會更好嗎？因此有喝豆漿的組別是只要一組呢？還是要分兩組、三組？

資料都蒐集完了後，要進行「統計分析」，及「報告內容撰寫」，當然專業度與細緻程度可能落差很大，但基本上都要按照一定流程，這就是科學研究的精神。

可以說中學的專題報告就是一種簡易的科學研究。不管是科展或專題研究，每間學校都會有指導老師負責指導細節的部分，如果之前完全沒有經驗，也不用過度擔心。

然而，在開始進行之前，我們還必須了解一些關鍵的概念，這些是學校老師不一定會特別著重，但卻會決定科展 / 專題研究能否做好的關鍵。

範圍：廣 VS. 窄

　　研究與念書一項很大的差異在於念書重視「廣度」與「完整性」，教材範圍一般來說都非常的廣，希望能傳授學生完整的知識。

　　研究則剛好相反，鑽研的題目要越「專業」、「獨特」越好，要專注在某個領域。

　　以物理科為例好了，物理教科書會把基礎力學、電磁學、近代物理學等講得十分詳細，幾乎無所不包。但每個領域以基礎概念與運算為主，不會對某個領域特別著墨。畢竟，中學教科書的目的是建立「基礎物理能力與素養」，所以範圍會廣而淺。

　　但做研究就不一樣了，我們不可能同時探討很多題目，做研究要想的方向是——還有什麼問題沒有被解決？或是有什麼現象你覺得特別有趣？一次只要探討一個題目就好。

　　即使是小題目，背後牽涉的知識也可能非常廣。例如我高中時曾做「汽車室內冷卻劑」的研究，雖然只是小小的簡單實驗，但卻牽涉到有機溶劑、熱力學、溫度測量等許多議題。

　　教科書就好比仙人掌的根，分布廣而淺；做研究

比較像是杉木的根，向下扎得很深。

創造新的東西 VS. 把舊的東西弄熟

教科書的內容通常是已經驗證過的知識，而且是基礎知識，大家念得越熟越好。可以說，教科書上都是「已知」的東西。

做研究則完全不同，如果做大家都已經知道的東西，那就了無新意，甚至有「抄襲」的嫌疑。**做研究有點像是擔任發明家的角色**，只不過是發明的是「知識」，目的是讓科學更往前進一步。

如果要發表研究結果（正式一點則是發表論文），大家最在意的是「你的研究有什麼獨創性？」，以及「你的研究對這個領域有什麼新的貢獻？」。如果答案是否定的，這份研究成果就很難發表在學術期刊。

主動 VS. 被動性

在學校上課是「學生聽老師演講」，雖然現在許多課程都強調課堂上互動，也強調學生的自我學習，但基本上大方向還是「老師傳授知識給學生」。**做研**

究則有點不太一樣，學生必須主動去發掘問題。

例如你對「緊急照明燈在斷電時反而會開啟」這個現象覺得很有趣，於是去找背後相關的原理後，發現在設計上或許還有更好的地方，或可以把同樣的原理運用在別的工具，這就是一個可行的研究題目。

老師比較像是站在輔助與指導的角色，例如協助找資料、設計實驗、申請研究經費、修改成果或專題報告等。學生像是球場上的球員，老師比較像場邊的教練。如果球員本身不積極主動，不可能打出一場漂亮的球賽。

如何著手進行？

不管是科展或專題研究，大致都可分為下列的步驟：發掘題目、研究設計、執行研究計畫、撰寫研究報告、成果發表。

❶ 發掘題目

國、高中生光這一步就很苦惱，畢竟從來沒有相關經驗，學校教的東西也有限，要怎麼想新的題目呢？

這時候不用太擔心，只要先確定自己有興趣的

領域就好。例如你對化學很有興趣，那就找化學老師或學校科展指導老師談談。老師會幫你縮小範圍（例如要針對化學領域的哪一部分），給予一些可能的方案，幫助你找尋合適的題目。除了找老師，如果是做科展，也需要找 2 ～ 3 個志同道合的同學一起組隊。

對中學生來說，並沒有所謂的好題目或壞題目，但一般來說，與生活越貼近以及可行性高（在能力範圍內的）的題目，會讓你做起來比較有動力，也能提高得獎機率。

同時，題目要越精確越好，例如「喝紅酒對健康有益嗎？」就有點太廣了。「健康」的定義很廣，例如壽命、體能、精神狀況、感冒頻率等等，都算是一種「健康狀況」。何況，未滿 18 歲不能飲酒，因此這研究絕對不適用於嬰兒、小孩或青少年。

再來，每天喝 1 杯跟喝 2 杯會不會有差別？喝太多是不是反而變酗酒？如果把題目修正為「每天喝 1 杯紅酒是否能降低中、老年人心血管疾病機率」，這樣顯然就精確許多。

❷ 研究設計

決定題目後，接下來就要開始設計研究步驟。

　　研究分很多種類，有的要進實驗室，有的則是搜集資料，也有一些是發問卷等。這部分對沒經驗的中學生來說比較困難，基本上一定需要老師幫忙。

　　如果你的實驗題目比較進階，或學校缺乏資源，也可以積極一點，請老師轉介或直接找大學教授幫忙。許多大學教授喜歡帶高中生做研究，若將來剛好申請同一系所，在面試時也多少有加分效果。

❸ 執行研究計畫

　　這通常是研究最花時間的部分，特別是如果實驗步驟複雜，或需要招募許多受試者參與實驗時。

　　如果是參與科展，一開始與隊友明確的分工是很重要的，還有大家要預留一些開會或討論的時間。

　　另外要確認實驗的場所，例如要在學校化學實驗室做實驗的話，是不是有地方可以放實驗器材、教室是否有特定時段可供使用。

　　執行研究的過程通常都會一波三折，特別是如果你是新手的話，常常實驗結果會不如人意。一定要提醒自己有耐心，即使最後結果不理想，還是有發表的價值。

❹ 撰寫研究報告

　　研究報告有一定的格式，包括導論（introduction）、研究方法（methods）、結果（results）、討論（discussion）、結論（conclusion）等。

　　如果從來沒寫過也不用擔心，指導老師會教你如何撰寫。熟能生巧，如果有機會寫第二篇、第三篇，速度一般會比第一次快很多。

　　中學生一般使用中文書寫即可，如果是大學生，或要參與國際競賽或發表在國際期刊，建議以英文書寫。

❺ 成果發表

　　參與競賽（例如科展）會有各級的發表會，包括校內、分區（北區、中區、南區等）及全國。當天在會場會有評分教授巡場，輪流問學生問題。建議參賽前要先跟指導老師練習一些可能會被問的問題。

　　評審教授並不會預期中學生能了解多艱深的知識，主要是想知道學生對實驗的熟悉度、對這個主題的概念，以及對研究結果的闡釋（包括未來可能的應用）等，這些都可以透過練習提升回答技巧。

5-7

大考倒數 100 天，
如何衝刺？

　　高三的學生在大考前一段時間都會特別焦慮，不知道要如何分配最後幾個月的時間，因此本章節就來討論一下如何準備。

　　100 天的時間雖然不多，衝刺一波仍大有可為，大家一定要堅持到最後！以下幾點建議讓大家參考：

分配讀書時間

　　分配時間的第一個原則是 ── **把時間留給弱科，**越弱的科目要花越多時間念。

　　為什麼呢？因為從「50 分進步到 60 分」的難度跟「90 分進步到 100 分」是完全不一樣的。以學測來說，學測「每科總分都是 15 級分」，如果國文贏人家 2 級分，但數學輸了 5 級分，總分還是會慘輸。在時間有限的情況下，把資源集中在弱科是最有效率的準備方式。

　　再來則要考慮「**目標校系的加權規則**」。

　　以臺灣大學「資訊工程學系」為例，該系在學測英文與數學科各有 1.25 及 2 倍的加權（＝原始分數 x1.25 或原始分數 x2.0）。如果各科實力平均，那當然把時間優先分配給英文跟數學，這樣較能提高勝算。

　　第三點則是「**建立各科的生理時鐘**」。什麼意思呢？有些人認為，如果數學是在早上考，那麼把念數學的時間分配在早上，有助於考試時更快進入狀況。對特別燒腦的理科來說更是如此，大家不妨一試。

　　第四點是**考前 10-14 天可以進入「考試模式」**，即把時間都花在寫考古題或模擬試題，以模擬真實考試的情況。記得要按照第三點的「生理時鐘」，把早上考的科目盡量放在早上念、下午的科目放在下午念。晚上時段則可用來檢討試題，並回頭複習錯比較

多的章節。

　　另外記得，寫考古題要「計時」，而且中間不要停下來，才能完全模擬學測當天情景，這樣考試時比較容易進入狀況。

　　最後，**要保持一定的「睡眠時間」**。有些人在大考前每天只睡 4 ～ 5 個小時，想爭取多一些念書時間，並不鼓勵大家這樣做。睡眠過少不僅會影響白天精神，也會降低念書效率，整體來看反而不利。

　　「睡眠債」累積太多，會造成「慢性疲勞」，即使沒做什麼事還是覺得全身倦怠、提不起勁來。在「慢性疲勞」的情況下去考試非常不利，因為很難集中精神。

　　我的建議是每天至少要睡 6.5 小時，加上中午稍微休息片刻，這樣才能有足夠的精神面對繁重的課業。如果晚上睡眠不足，那更要把握中午的休息時間，有研究發現中午午睡 15 ～ 30 分鐘，可大幅提升下午時段的認知表現。

各科準備方式

在最後的衝刺階段，各科可以採取一些重點準備的方式來做加強。但原則是**寫題目的時間比例要慢慢拉高，讓自己進入準備考試的狀態。**考前 10 ～ 14 天則是進入上段提到的「考試模式」。

國文

注意「字音」、「字義」的跨冊整理，例如看到「道」這個字，要想一下在哪幾冊出現過，每個地方的字義有何不同？這部分其實總複習的自修都有整理，大家可以特別注意這部分。

作文的部分，可以把之前讀過的名言佳句整理出來，稍微背一下，**如果寫作文時能夠用上幾句，會讓你的文章大為加分。**

英文

近年來大考題目越來越長，因此閱讀速度很重要。最後階段可以**練習一些英文閱讀測驗的部分**，因為閱讀題往往會花掉最多時間。

另外英文作文在最後 100 天衝刺至少要有 10 篇

的練習量。英文作文進步的速度會比國文作文快，因為前者不強調文采，只要拼字、文法正確，答題內容有符合題目要求、有達到一定字數，就可拿下大部分分數。英文作文寫完記得請老師或英文好的同學幫忙批改，有回饋才有進步。

數學

現在大考數學的趨勢是重視「理解」而非「計算」，只要看得出來題目考什麼觀念，很快就可得出答案。建議大家可在衝刺階段**把所有公式重新審視過一遍**，要能理解每個公式是如何推導出來、可以運用在哪些地方，如果當題目變化時才不會被迷惑。如果不了解公式的來龍去脈，不要硬背，趕快請教老師或找資料，**最好能夠自己推導一遍**。

自然

理科概念才是重點。物理跟化學的原則與數學類似，要理解每個公式是如何推導出來，以及可以運用的題型。

生物的部分則是要特別重視「與人相關」的部分，例如循環系統、消化系統等，另外地球科學在學

測也有一定占比，大家常常忽略這科，記得要留一些時間給地科。

　　社會科閱讀題組相當長，且常結合時事。建議大家在衝刺階段可以**找一些題組來練習閱讀速度**，另外歷史、地理越來越重視「時空背景」，例如在讀東方近代史時，要想一下西方當時發生什麼事，東、西方之間有沒有什麼互動？（例如明朝的白銀就跟西班牙人殖民美洲有關）。**考試前相關的時事（例如氣候變遷、地震、缺水、缺電、海嘯、疫情、食安問題等）可以特別注意一下。**

運動及飲食規畫

　　鼓勵大家盡量建立運動的習慣。每個禮拜抽出 1 ～ 2 個小時運動，應該不是特別困難的事。

　　運動不但可以幫助在最後衝刺階段保持體能，運動時大腦也會分泌一種叫「腦內啡」的物質（號稱人類的天然嗎啡），因此運動後心情會比較愉快，壓力也獲得紓解，有助於應付大考的龐大壓力。

　　做什麼運動比較好呢？其實舉凡跑步、游泳、騎單車、跳舞、瑜伽、爬山或各種球類運動等都適合。對分秒必爭的考生來說，「跑步」是特別有效率的運動，因為在短時間內就可以消耗大量熱量，且較不受場地限制，同時具有鍛練心肺耐力的效果，有助於保持長期的體力。

　　此外，均衡的營養也是關鍵。在學校上一整天的課，放學還要去補習或回家苦讀，相當消耗體力與腦力。均衡的營養是提供這些燃料的來源，如果營養不均衡，長期來說課業表現多少會受到影響。

　　推薦在早餐部分選擇輕食三明治或吐司，有夾新鮮蔬菜或水果的尤佳，飲料盡量搭配鮮奶燕麥、低糖豆漿、蔬果汁或鮮奶茶，這樣不僅上課精神更好，也能避免在衝刺階段身材不小心走樣。

　　至於在學測前 1 ～ 2 週，要**注意避免油炸、辛辣、生食及不新鮮的食物**，每天攝取蔬菜、水果，避免考試前發生腹瀉、便秘等腸胃道症狀。冬天是流感流行季節，吃飯前以及出入公共場所要記得勤洗手。如果考試時發燒或劇烈頭痛，將會是一場噩夢，考試前在健康方面要特別注意。

調適心情

　　學測跟指考（分科測驗）報考人數眾多，競爭激烈，考試前難免緊張不安。但換個角度想──考試考的是長期的知識累積，過去的努力絕不會白費，不需要太過焦慮。如果學測表現良好，還有機會在繁星入學或個人申請階段一舉掄元，提前放暑假！

　　很多人擔心臨場表現失常，其實現今大考「計算」的部分並不難，考的是平常的概念理解，因此不用太擔心會有失常導致成績落差太大的情形。進考場前以及考試中碰到難題時可先深呼吸、讓自己稍微沈澱幾秒鐘，對找回思緒會有很大的幫助，避免自己一直陷入「焦慮、無法思考」的狀態。

　　大考倒數 100 天好好韜光養晦，蹲得越低，到時就能跳得更高。祝福大家最後都能成功駛進夢想的港灣，勝利屬於堅持到最後一刻的人！

5-8

大考臨場應試技巧

 考試前記得先看場地

　　依照慣例，大考前一天會開放考生看考場環境，一定要親自跑一趟！千萬不要怕考前一天沒時間就懶得去看考場，畢竟都已經念了 3 年，根本不差最後一個下午，沒先去看環境會吃悶虧的。

　　去看考場絕對不是只去看看風水、位置喜不喜歡而已，**從你出家門的那一剎那就要開始模擬考試當天的情況**：需要多久交通時間？當天早上有沒有可能塞車？

　　到了考場後，把學校動線弄清楚（包括洗手間的位置），考試當天人潮洶湧，如果對環境不夠熟很容易迷路，浪費寶貴的休息時間。到教室裡後，坐下來感受一下教室的光線與冷熱，模擬隔天考試的情景。**最後檢查一下有沒有可能會影響作答的因素（例如座位髒亂、桌椅搖晃）**，有的話請當場或隔天一早跟試場人員反映。

考試當天攜帶物品

　　考試當天記得帶 2B 鉛筆、橡皮擦、黑色原子筆、修正帶（液）、圓規、尺、三角板、量角器等，如有需要也可帶透明墊板（上面不能有任何註記）。

　　建議一定要攜帶手錶以方便控制答題時間，但手錶類不可以有計算、通訊、傳輸等功能，且不能發出任何聲響，以免被扣分。記得關閉鬧鈴功能，智慧型手錶、手環記得取下，不能有任何有運算功能的 3C 產品，以免有作弊嫌疑。

　　另外考試當天可以帶一些總複習講義或筆記、考古題等，在每科之間或中午休息時間把握機會衝刺一下。攜帶的書籍以「輕、薄」為原則，畢竟休息時間

有限，不可能念太多東西。考試當天攜帶的書籍主要是讓自己迅速進入「備戰」狀態，穩定心情。

⚙ 大考前注意事項確認表

看考場	☐從出家門開始模擬交通時間、評估交通狀況。 ☐確認考場位置、動線（如洗手間位置）。 ☐檢查考場座位、桌椅（若有問題請當場或隔天一早跟試場人員反映。
建議攜帶物品	☐ 2B 鉛筆 ☐橡皮擦 ☐黑色原子筆 ☐修正帶（液） ☐圓規、尺、三角板量角器等 ☐透明墊板（不能有任何註記） ☐手錶 ☐總複習講義或筆記、考古題
注意事項	☐關閉手錶鬧鈴功能，不能發出聲響。 ☐勿攜帶智慧型手錶、手環等有運算、通訊功能的 3C 產品。

🧩 考試當天避免刺激性食物

考試的夢魘除了面對滿滿的題目卻不會寫，若肚子痛起來、全身不舒服也會成為終生難忘的惡夢。

考前本來就已經處於長期高壓狀態，免疫系統狀態一定比正常脆弱，考試時巨大的應試壓力更容易讓

疾病爆發，飲食要格外小心。

　　學測時間在冬天，是流感高峰期，建議考生一定要記得先去打流感疫苗，如果不幸在大考時發燒那就毀了。

　　指考（分科測驗）的時間則在盛夏，是腸病毒流行期間。最重要的就是要勤洗手，特別是吃東西前。如果考試時肚子不舒服，那肯定無法集中精神思考，因此要特別注重疾病的預防。

　　食物可以自行準備新鮮的食物最理想，如果沒辦法自己帶，也可以買三明治、水果等輕食當午餐，忌諱吃炸雞、甜甜圈等油膩或高糖份食物，容易讓你在下午變得昏昏欲睡。

作答不要空白或跳題，就算不會也要猜

　　會這樣說有兩個原因。首先是**在沒有倒扣的情況下，直接空白絕對沒機會拿到分數，用「猜」的還有機會命中一些題目**。

　　再來是**中間跳題，可能會讓答案卡全部畫錯**。很多人在碰到不會寫的題目時，會先空下來先寫下一題，平常小考時當然沒問題，不過大考都是用「畫答

案卡」的方式作答，如果中間空了一題，一不小心後面就會填錯格，萬一真的出了差錯就悲劇了，3年努力毀於一旦。

作答時，不會的題目先猜看看並做記號，等全部寫完後若還有時間，可以回頭再想一想。寧願先猜也千萬不要刻意空下來，不然考試時一緊張，真的很容易出錯！

把握休息時間、不要討論考完的科目

我想大家一定有經驗，每當段考或模擬考中間休息時，同學們總是會一窩蜂地討論剛剛考的題目，有時候發現自己猜對了就很開心，但也可能發生「哎呀，我寫錯了！」或「哎呀！我怎麼沒注意到！」的懊惱。

但是，現在發現寫對或寫錯，會改變上一堂考試的成績嗎？答案當然是不會，因為已經交卷了嘛！重要的是趕快準備下一科的考試才對。

討論考題還有一個缺點，就是心情會大受影響！我們一定會懊惱有些題目怎麼沒想出來或怎麼運氣那麼不好、猜錯了，但這只會影響下一堂考試的信心與

專注力而已。大考最重要的就是一科一科全神貫注地解決，至於答案到底是對是錯，等全部考完再說吧！

中午休息時間一定要午睡片刻，不要顧著念書或跟同學聊天。因為吃完午餐後在血糖升高的情況下容易昏昏欲睡，如果中午沒有休息，會影響下午的精神，對答題非常不利。至於節跟節之間的休息時間可用來上洗手間、念當天攜帶的書籍，讓自己一整天保持在備戰狀態。

不要在某一題上花太久時間

大考的題數相當多，時間緊湊，因此要好好掌握時間分配。我們在考試時求的是最高的分數，因此有些題目即使放棄也無關緊要，千萬不要讓某一題花掉太多時間，影響其它部分作答，否則就有點捨本逐末了！

考試最忌諱意氣用事，執著於：「這題我好像快算出來了！再一下下就好！」硬是把過多的時間浪費在同一題上。

事實上，如果第一遍算不出來，第二遍能算出來的機率其實也不是很高，至於第三遍之後就更低了。

建議大家考試時，不要花超過 5 分鐘在某一題選擇題，或超過 10 分鐘在數學科的選擇題上，因為很可能沒時間填答剩下的題目。如果超過以上建議的時間，就請壯士斷腕，趕快先猜個答案，避免拖累整體成績。

勤洗手、戴口罩、注意衛生

最後還是要提醒大家最近不管是在學校還是家中都要多洗手、使用酒精消毒，尤其是碰觸食物前，千萬不能抱著僥倖的心態，否則就有可能成為病毒或細菌的受害者。

除了配戴口罩，考前期間也盡量保持社交距離，以免被他人傳染；如果家中有人感冒，吃飯時盡量使用公筷母匙，如果有咳嗽症狀也請家人在室內戴上口罩，以免被飛沫傳染。

以上是一些臨場應試技巧的分享，只要掌握這些事項，就不太會發生考試嚴重失常的情形。祝福大家金榜題名！

培育你的素養力！臺大、哈佛畢業生拆解新課綱，打造最適合你的讀書攻略／曾文哲 著 – 初版 . – 臺北市：時報文化，2021.11；面；14.8 × 21 公分 . -- （LEARN：061）

ISBN 978-957-13-9485-5（平裝）

1. 學習方法 2. 讀書法 3. 筆記法

521.1   110015610

ISBN 978-957-13-9485-5
Printed in Taiwan.

LEARN 061

培育你的素養力！
臺大、哈佛畢業生拆解新課綱，打造最適合你的讀書攻略

作者 曾文哲｜**主編** 陳信宏｜**副主編** 尹蘊雯｜**執行企畫** 吳美瑤｜**封面設計** FE 設計｜**內頁排版** 極翔股份有限公司｜**編輯總監** 蘇清霖｜**董事長** 趙政岷｜**出版者** 時報文化出版企業股份有限公司 108019 臺北市和平西路三段 240 號 3 樓 發行專線—(02)2306-6842 讀者服務專線—0800-231-705‧(02)2304-7103 讀者服務傳真—(02)2304-6858 郵撥—19344724 時報文化出版公司 信箱—10899 臺北華江橋郵局第 99 信箱 時報悅讀網—www.readingtimes.com.tw 電子郵件信箱—newlife@readingtimes.com.tw 時報出版愛讀者—www.facebook.com/readingtimes.2｜**法律顧問** 理律法律事務所 陳長文律師、李念祖律師｜**印刷** 紘億印刷有限公司｜**初版一刷** 2021 年 11 月 19 日｜**定價** 新台幣 350 元｜（缺頁或破損的書，請寄回更換）

時報文化出版公司成立於 1975 年，1999 年股票上櫃公開發行，2008 年脫離中時集團非屬旺中，以「尊重智慧與創意的文化事業」為信念。